PLATAFORMA POR LA NACIONALIZACIÓN DE LAS CAJAS DE AHORRO Y POR UNA BANCA PÚBLICA

¡BANCA PÚBLICA!

Rescatemos nuestro futuro

Icaria ASACO

Este libro ha sido impreso en papel 100% Amigo de los bosques, proveniente de bosques sostenibles y con un proceso de producción de TCF (Total Chlorin Free), para colaborar en una gestión de los bosques respetuosa con el medio ambiente y económicamente sostenible.

Diseño de la cubierta: Adriana Fàbregas

Página web: http://nacionalizacioncajamadrid.wordpress.com
Cuenta de twitter: @bancapublica
Correo electrónico: nacionalizarcajas@gmail.com

Icaria editorial, s. a.
Arc de Sant Cristòfol, 11-23
08003 Barcelona
www. icariaeditorial. com

Primera edición: junio de 2012
ISBN: 978-84-9888-442-5
Depósito legal: B-17.178-2012

Fotocomposición: Text Gràfic

Impreso en Romanyà/Valls, s. a.
Verdaguer, 1, Capellades (Barcelona)

Printed in Spain — Impreso en España.

Índice

Prólogo

VICENÇ NAVARRO*

Otro sistema bancario es posible

Estoy escribiendo este prólogo en un momento de gran tensión en España, resultado de las políticas públicas impuestas por el gobierno del Partido Popular que suponen el ataque más frontal a las clases populares que se haya producido en España durante el período democrático (1978-2012). Y utilizo deliberadamente la expresión impuestas porque ninguna de estas medidas fue anunciada en el programa electoral del Partido Popular durante la reciente contienda electoral a las Cortes Españolas. Es importante, desde el punto de vista de la legitimidad del sistema democrático, subrayar y denunciar que el gobierno dirigido por el Sr. Rajoy no tiene un mandato popular para realizar tales políticas. Tales políticas son legales, pero ni son legítimas ni siguen la ética que debiera seguirse en una cultura democrática, como bien dijo el arzobispo de Canterbury, Dr. Rowan Williams, en su denuncia de los recortes

* Catedrático de Políticas Públicas en la Universidad Pompeu Fabra y profesor de Public Policy en The Johns Hopkins University.

de gasto público realizados por el gobierno conservador liberal dirigido por David Cameron en Gran Bretaña, recortes que hizo casi al día siguiente de salir elegido, sin que en su programa electoral hubiera ningún indicador de que llevaría a cabo esos recortes. Una situación semejante está ocurriendo en España con el actual gobierno. Casi al día siguiente de ser elegido, el gobierno de Rajoy se ha embarcado en la realización de las políticas más radicales y agresivas (tal como las definió recientemente el ministro de Economía, Luis de Guindos) en contra de la clase trabajadora y de amplios sectores de las clases medias, al centrar sus políticas públicas en reducir los salarios y la protección social.

El argumento constante que se transmite en los centros donde se reproduce la sabiduría convencional es que la recesión en España la originó la falta de disciplina fiscal. Tal aseveración se hace con toda contundencia, ignorando un hecho que muestra la falsedad de ese supuesto: cuando la crisis se inició en España, el Estado estaba en superávit (siendo España el «modelo de comportamiento fiscal» el estudiante avanzado y predilecto del establishment europeo neoliberal). Otro argumento que se utiliza para explicar la recesión es la supuesta «exuberancia salarial», desconociendo u ocultando los datos que muestran que los salarios en España están entre los más bajos de la UE-15, y todo ello a pesar de que el crecimiento de la productividad en los últimos

10 años ha sido comparable al crecimiento de la productividad alemana.

La escasa diversidad ideológica permitida y existente en los mayores medios de información españoles explica que esos argumentos, por muy débiles que sean, se promuevan con plena impunidad, ajenos a la crítica, habiendo alcanzado dimensiones de dogma en los círculos financieros, económicos, mediáticos y políticos del país.

La intensidad del mensaje tiene como objeto convencer a la ciudadanía de que no hay otras alternativas a las que se están imponiendo: bajar salarios y recortar la protección social. Como parte de esta estrategia se está también ocultando la causa real de las crisis actuales, que son tres: la crisis económica, la crisis financiera y la crisis democrática. Las tres tienen un elemento en común: el enorme poder que el capital financiero y el mundo de las grandes empresas tienen sobre el Estado español y sobre las instituciones europeas que dominan la vida económica, mediática y política de la Unión Europea (el Consejo Europeo, la Comisión Europea y el Banco Central Europeo). En realidad, la causa real de las tres crisis es el enorme descenso de las rentas del trabajo que ha estado ocurriendo en toda la Unión Europea (y, muy en particular, en España), causa del enorme endeudamiento de las poblaciones. El crecimiento desbordado del capital financiero está basado en el empobrecimiento de las familias que han tenido que endeudarse más y más para poder mantener su demanda, demanda que ha ido disminuyendo como resultado también de la enorme crisis del crédito, consecuencia del colapso de la banca. Ha sido este descenso de la demanda, consecuencia a su vez del descenso de las rentas del trabajo, la mayor causa de la crisis económica y de la recesión.

Pero fue el crecimiento de las rentas del capital y su concentración lo que creó las bases para la crisis financiera. La falta de rentabilidad de la economía productiva, causada por el descenso de la demanda, explica la enorme inversión especulativa que disparó el tamaño del sector financiero (previamente desregulado) y su colapso final, salvado por una intervención pública que, mostrando el enorme poder que la banca tiene, se hizo con el único objetivo de garantizar su pervivencia y rentabilidad, sin ningún cambio o requisito de cambio en su comportamiento especulativo como condición de esta ayuda pública. Tal gasto público en la banca, sin conseguir nada a cambio, indignó a la población. Esta desfachatez, que ha mostrado la instrumentalización del poder político por parte de la banca es la causa de la enorme pérdida de legitimidad de los sistemas democráticos, particularmente acentuado en España donde, resultado de una transición nada modélica de la dictadura a la democracia, existe hoy una democracia ya en sí muy limitada. El Estado español siempre, durante la dictadura y durante el período democrático, ha estado al servicio del capital financiero. La evidencia de ello es robusta y contundente. La banca es el centro del poder financiero y económico y su peso en los medios de información y en la vida política del país es enorme, mermando espectacularmente la calidad de nuestra democracia.

De ahí la enorme utilidad de este libro. Promovido por la Plataforma por la Nacionalización de las Cajas de Ahorro y por una Banca Pública y patrocinado por Attac (una de las organizaciones que sistemáticamente presenta estudios rigurosos que analizan críticamente la sabiduría convencional de claro corte neoliberal), este volumen describe la situación del capital financiero presentando, además, alternativas. El libro es de gran utilidad para España, pues el texto analiza, punto por punto, la realidad de la banca, y desmonta el tinglado ideológico que el sistema financiero ha ido construyendo, mostrando el error o falsedad de sus supuestos. Y presenta clara evidencia de que la salud de la economía española y la calidad y bienestar de la población requieren un sistema financiero distinto al actual y al servicio de la ciudadanía, en lugar de la situación actual, basada en el beneficio y la especulación. Ello requerirá, como bien demuestran los autores, una intervención pública, incluyendo el establecimiento de bancas públicas que, como ha ocurrido en nuestro país en el pasado, y así ocurre en otros países, puedan ofrecer mayores garantías a los ciudadanos y medianas y pequeñas empresas, erradicando la especulación en el sistema existente hoy. Este libro será la pesadilla de la banca, pues muestra con toda claridad que otro sistema bancario es posible, denunciando el sistema actual por ser un sistema que beneficia a muy pocos a costa de la mayoría de la población.

Baltimore (EE UU) - Marzo de 2012

I

Las grietas del sistema bancario español

> Quizás España cuenta con el sistema financiero más sólido de la comunidad internacional. Tenemos los mejores datos de eficiencia y rentabilidad y unos niveles de solvencia y de provisión muy elevados, superiores a cualquier otro sistema financiero de los países con los que nos podemos comparar.
>
> José Luis Rodríguez Zapatero,
> ex presidente del Gobierno, durante un acto celebrado en Nueva York ante directivos de multinacionales y bancos de inversión estadounidenses en septiembre de 2008

El sistema bancario constituye la parte más importante del sistema financiero en una economía como la española. En él han coexistido tres tipos de actores: bancos, cajas de ahorro y cooperativas de crédito. Si bien es verdad que han tenido orígenes diferentes, han terminado realizando funciones y prestando servicios financieros similares. Los bancos son sociedades anónimas que, actuando con ánimo de lucro, reciben dinero de terceros en forma de depósitos con el objetivo de prestarlo por su cuenta y riesgo bajo ciertas condiciones. En definitiva, un banco compra y vende el uso del dinero pagando o percibiendo una remuneración que se denomina interés.

Utilizando el mismo esquema de negocio, las cajas de ahorro están constituidas bajo la forma jurídica de fundaciones de naturaleza privada, con finalidad social y actuación bajo criterios de puro mercado, aunque revirtiendo un importante porcentaje de los beneficios obtenidos a la sociedad a través de su obra social.[1] Se han especializado tradicionalmente en la gestión del ahorro popular y en la financiación de las familias y de los autónomos y las pequeñas y medianas empresas. Asimismo, tienen una fuerte raíz local, con una densa red de oficinas de implantación preponderadamente regional. Por último, las cooperativas de crédito son entidades cuyo objeto social es servir a las necesidades financieras de sus socios y de terceros. Dentro de las cooperativas de crédito se encuadran las cajas rurales, que desarrollan su actuación enfocadas al mundo rural financiando las actividades de ganaderos y agricultores. En la siguiente tabla podemos analizar las principales diferencias entre los tres tipos de entidades.

A finales de 2011, las cajas de ahorro[2] acumulaban el 50,3% de los activos totales del conjunto

1. De 2000 a 2010 las cajas de ahorro han presentado unos beneficios de 55.852 millones de euros. De esta cantidad han destinado algo menos de la cuarta parte (24,98%) a sus respectivas obras sociales (13.954 millones de euros).

2. Después de la aprobación del Real Decreto-ley 11/2010 Ley de Cajas, estas han trasladado su negocio financiero a bancos que controlan accionarialmente. A efectos de estos cálculos computamos como activos de cajas de ahorro los correspondientes a los bancos de los cuales estas son propietarios.

	BANCOS	CAJAS DE AHORRO	COOPERATIVAS
Naturaleza jurídica	Sociedades anónimas	Fundaciones	Cooperativas
Reparto beneficios	Dividendos Reservas	Reservas Obra social	Reservas Fondo de educación y promoción Socios
Capitalización	Aportación capital de accionistas	Aportación de fundadores Cuotas participativas	Aportación de socios
Órganos rectores	Junta general Consejo de administración	Asamblea general Consejo de administración	Asamblea general Consejo rector
Competencias	Estado	Estado Comunidades autónomas	Estado
Grupos de representación	Accionistas	Comunidades autónomas Corporaciones locales Impositores Entidades fundadoras Empleados	Socios

Fuente: elaboración propia.

del sistema bancario español.[3] Los bancos privados alcanzaban el 44,5%, mientras que las cooperativas de crédito suponían el 5,2%.

3. Los activos totales a los que nos referimos son los de entidades financieras en España. Es decir, no se consideran los que Santander o BBVA tienen en sus filiales fuera de España. Si se incluyeran, la cuota de los bancos pasaría a ser el 63%, las cajas de ahorro tendrían el 33% y las cooperativas de crédito el 4%.

Distribución de activos por entidades (miles de millones de euros)

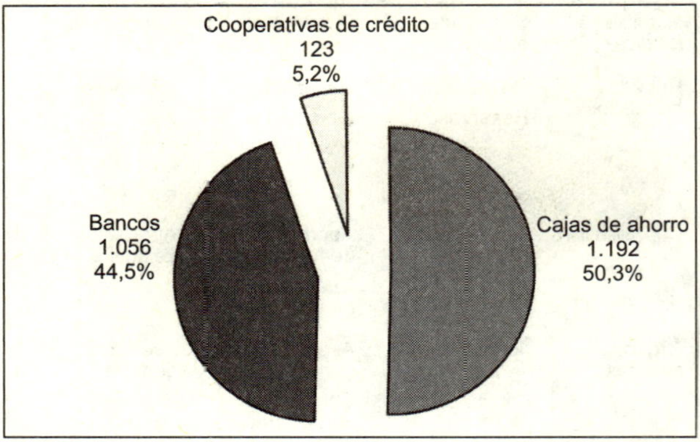

Fuente: elaboración propia a partir de datos de diciembre de 2011 del Banco de España.

Históricamente, las cajas de ahorro eran las principales suministradoras de crédito a familias y hogares (fundamentalmente préstamos hipotecarios para la adquisición de vivienda) y los bancos tenían una cuota superior en la financiación a empresas, por lo que, en el total de crédito, en 1990 los bancos suponían el 61,8% del total frente al 35,3% de las cajas y el 2,9% de las cooperativas. Sin embargo, la expansión territorial de las cajas de ahorro en la última década ha modificado sustancialmente el equilibrio anterior. En 2007, justo antes del estallido de la actual crisis, las cajas de ahorro acumulaban el 49% del crédito frente al 45,8% de los bancos. Aun después del profundo deterioro sufrido por las cajas en este último período, estas seguían teniendo en 2010 la cuota mayoritaria del mercado crediticio español.

% Crédito por grupo de entidades

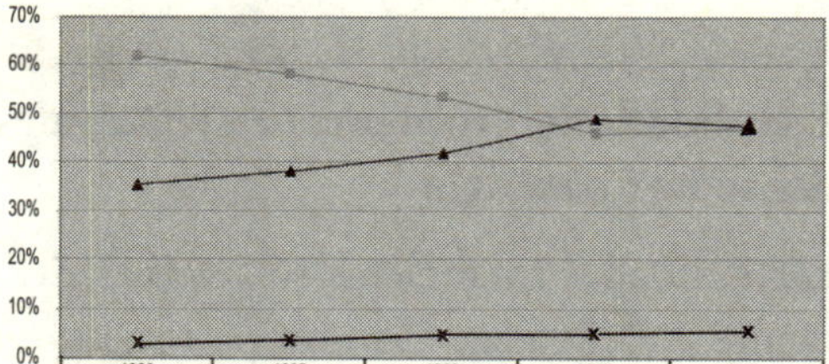

	1990	1995	1999	2007	2010
Bancos	61,8%	58,0%	53,4%	45,8%	47,0%
Cajas de Ahorro	35,3%	38,2%	41,9%	49,0%	47,6%
Cooperativas de Crédito	2,9%	3,8%	4,7%	5,2%	5,4%

Fuente: elaboración propia a partir de datos del Banco de España.

% Déposítos por grupo de entidades

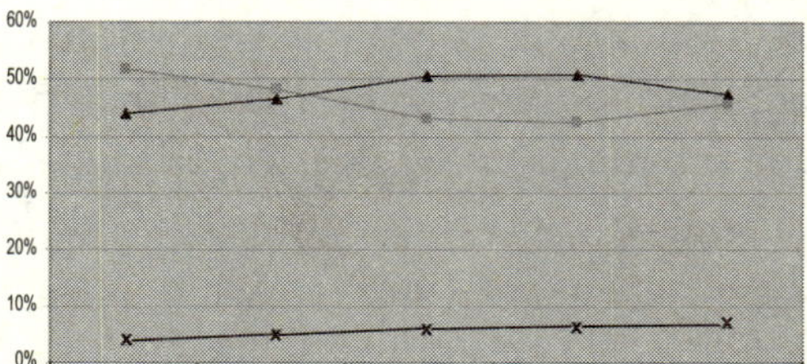

	1990	1995	1999	2007	2010
Bancos	51,9%	48,3%	43,1%	42,6%	45,6%
Cajas de Ahorro	44,1%	46,7%	50,8%	50,9%	47,6%
Cooperativas de Crédito	4,0%	5,0%	6,1%	6,5%	6,8%

Fuente: elaboración propia a partir de datos del Banco de España.

En lo relacionado con los depósitos, los bancos han perdido cuota de una forma extremadamente acusada, pasando del 51,9% del total en 1990 al 45,6% en 2010. En el mismo período, las cajas de ahorro han pasado del 44,1 al 47,6% y las cooperativas de crédito han crecido del 4 al 6,8%.

Debilidades y problemas estructurales del sector bancario

Las entidades financieras son sociedades enormemente endeudadas. Con un patrimonio neto muy reducido multiplican sus activos, fundamentalmente créditos. Eso les permite obtener beneficios nominal y porcentualmente muy elevados con poco capital. Como vemos en el gráfico siguiente, las entidades financieras españolas tienen unos activos 24 veces superiores a sus fondos propios. Se trata de una bomba de relojería que estalla cuando quienes las financian (depositantes, ahorradores y compradores de los títulos de deuda que emiten) no confían en que bancos, cajas y cooperativas de crédito cumplirán con sus compromisos de pago. El fin de la burbuja inmobiliaria y la consiguiente caída de los precios de los activos han provocado que el incremento de la morosidad en sus inversiones crediticias, incluso cuando esta no es demasiado elevada, coloque a las entidades en situación de quiebra por su incapacidad para absorber las pérdidas.

Relación Activos/Core Capital 2010

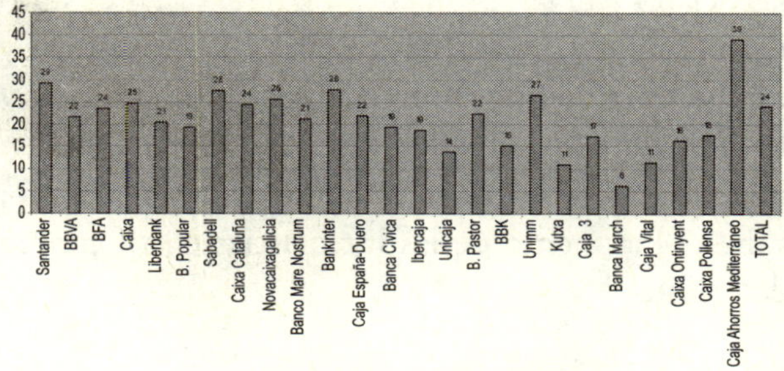

Fuente: elaboración propia a partir de datos del Banco de España.

Desde el primer momento no reconocieron la dimensión de su grave problema y las entidades han optado por ocultar los quebrantos sufridos. El resultado de todo ello es que la información que proporcionan los estados financieros de las entidades no refleja la imagen de su patrimonio.

Las dificultades de bancos y cajas han llevado a estos a restringir el crédito a empresas y familias, lo que ha agravado aún más la situación. La falta de liquidez ha provocado una agudización de la crisis en la economía real y ha extendido el problema del sector inmobiliario al resto de sectores. La quiebra de empresas y el consiguiente incremento de personas en situación de desempleo han producido una escalada de la morosidad de las primeras y, en menor medida aún, de las familias. Todo ello ha agudizado, a su vez, la insolvencia de las entidades financieras.

Los datos publicados de morosidad de entidades no dejan fuera del problema a nadie. Cajas de ahorro y bancos privados tienen cifras de morosidad y exposición a créditos problemáticos muy similares y las cooperativas de crédito, a pesar de que mantienen una situación comparativamente mejor que el resto, sufren el aumento de las incidencias en su cartera de crédito.

% Morosidad por grupo de entidades

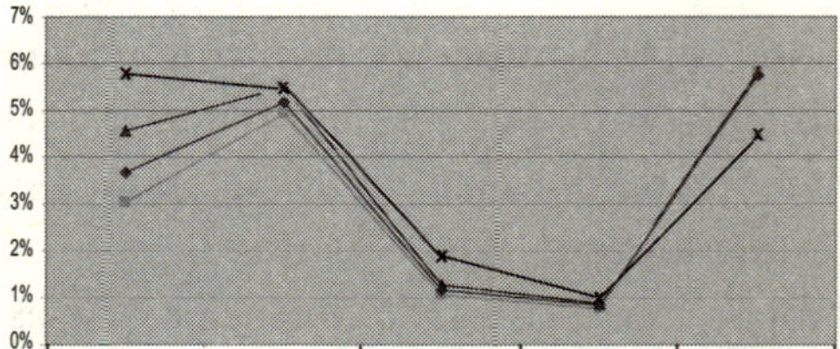

	1990	1995	1999	2007	2010
Bancos	3,06%	4,91%	1,05%	0,76%	5,83%
Cajas de Ahorro	4,54%	5,50%	1,30%	0,89%	5,82%
Cooperativas de Crédito	5,79%	5,45%	1,87%	0,99%	4,48%
TOTAL	3,65%	5,16%	1,19%	0,84%	5,75%

Fuente: elaboración propia a partir de datos del Banco de España.

Actuaciones llevadas a cabo

Desde el estallido de la crisis los sistemas bancarios de varios países europeos y de los Estados Unidos recibieron enormes cantidades de fondos públicos para evitar la debacle del sistema financiero. España inició más tarde el proceso porque optó por ignorar el problema. Eran tiempos en los que los gobernantes y los gestores presumían del sistema bancario más sólido del mundo desarrollado. Evidentemente, no era así y el grave problema está todavía lejos de resolverse. Esquemáticamente las actuaciones han seguido tres pautas:

1) Minimizar los problemas existentes en las entidades financieras e intentar, en todo caso, circunscribirlos a problemas de liquidez y no de solvencia.[4] Solamente un 8% de los apoyos públicos han sido

Instrumento	Importe (millones euros)	%
Participaciones preferentes convertibles	9.294	6,59%
Capital	11.380	8,07%
Esquema de protección de activos	19.467	13,80%
Adquisición de activos	21.036	14,91%
Avales	79.890	56,63%
Total	141.067	100,00%

Fuente: elaboración propia a partir de datos del Banco de España, FROB, FGD y Tesoro. Datos a 31 de diciembre de 2011.

4. Con el Real Decreto-ley 9/2009, de 26 de junio de 2009, sobre reestructuración bancaria y reforzamiento de los recursos propios de las entidades de crédito se creó el FROB que ha suscrito títulos de deuda de entidades con problemas e incluso ha inyectado capital en ellas. Además el Real Decreto-ley 16/2011, de 14 de octubre, por el que se crea el Fondo de Garantía de Depósitos de Entidades de Crédito que tiene por objeto, como venía siendo hasta ahora, garantizar los depósitos en entidades de crédito, con el límite de 100.000 euros pero incorpora a sus funciones la realización de actuaciones que refuercen la solvencia y funcionamiento de las entidades de crédito.

aportación a capital. El resto de instrumentos son títulos de deuda o avales para que puedan endeudarse y eso no soluciona la insuficiencia de fondos propios.

La cuarta reforma financiera (segunda impulsada por el gobierno de Rajoy) realizada en mayo de 2012 vuelve a caer en el mismo error. Contempla unas necesidades de fondos de solo 15.000 millones de euros que aportaría el FROB mediante bonos contingentes convertibles a tipos de interés cercanos al 10%. Será imposible que afronten la devolución del principal por lo que las entidades que reciban este tipo de inyecciones terminará siendo propiedad del FROB.

% Ayudas/activos

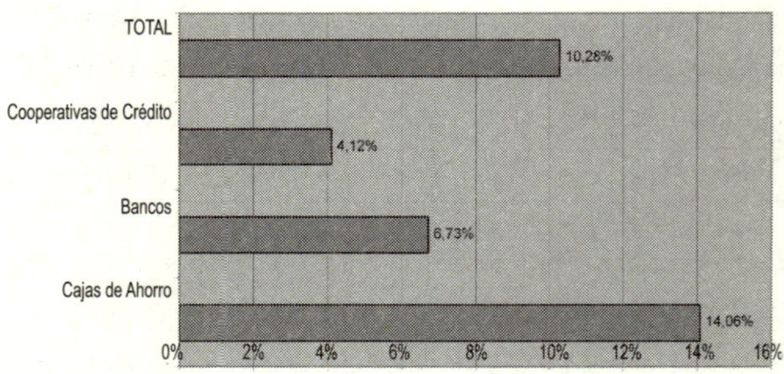

Fuente: elaboración propia a partir de datos del Banco de España, FROB, FGD y Tesoro.

2) Responsabilizar a las cajas de ahorro de la crisis financiera y proceder a su eliminación del es-

cenario del sistema bancario.[5] Es evidente que las cajas de ahorro no tenían instrumentos adecuados para reponer su capital deteriorado por los excesos inmobiliarios, pero no es menos cierto que aunque han necesitado, porcentualmente, más ayudas con respecto a los activos gestionados, el problema no es exclusivo de las cajas.

3) Promover procesos de integración para que las entidades en mejor situación pudieran, en todo caso, «salvar» a las que estaban peor. En la primera fase, se ha reducido considerablemente el número, pero no se ha resuelto el problema. Debido a que no se ha aportado el capital necesario, muchas de las entidades resultantes siguen siendo inviables.

Después de esa primera fase, se pueden establecer cuatro grupos de entidades financieras según su situación y el papel que pueden desempeñar en los futuros movimientos que se van a producir en el sector:

En el grupo 1 estarían las entidades que tendrán un papel activo en los procesos de concentración y las cajas rurales y otras de pequeño tamaño que pueden mantenerse independientes por tener un balance más

5. Real Decreto-ley 11/2010 Ley de Cajas: permite a las cajas emitir cuotas participativas con derecho a voto. Además se les dan tres alternativas: integración en un SIP coordinado por un banco, cesión del negocio de crédito y depósito a un banco o transformación de las cajas en fundaciones.

Entidades	Resultado	
Cajamadrid Bancaja C.Layetana C. Insular Canarias C.Ávila C.Segovia C.Rioja	B.Financiero y de Ahorros	→ INVIABLE
Caixa C. Girona	Caixabank	
Cajastur C.Cantabria C.Extremadura C.Castilla la Mancha	Liberbank	
C.Catalunya C.Manresa C.Tarragona	Cataluña Caixa	→ INVIABLE
Caixa Galicia Caixanova	Novocaixagalicia	→ INVIABLE
Caja Murcia Caixa Penedés Sa Nostra C.Granada	Banco Mare Nostrum	→ INVIABLE
Unicaja Caja Jaen Caja Duero Caja España	Unicaja	
Caja Navarra Caja Municipal Burgos Caja Canarias Cajasol Caja Guadalajara	Banca Cívica	→ INVIABLE
Caixa Sabadell Caixa Terrasa Caixa Manlleu	Unnim	→ INVIABLE
Caja Círculo Caja Badajoz CAI	Cajatres	
BBK Cajasur Kutxa Caja Vital	Kutxa Bank	
Banco Sabadell-Atlántico B.Guipuzcoano Caja Ahorros Mediterraneo	Sabadell	
B. Popular B. Pastor	B. Popular	

46 entidades en el proceso inicial.
Solamente 2 bancos en el proceso

→

13 entidades al final de la primera fase.
6 de ellas inviables sin nuevas operaciones de fusión o elevadas aportaciones de capital

saneado. Santander, BBVA, Popular, Sabadell y Caixabank adquirirán alguna de las entidades intervenidas por el FROB (Fondo de Reestructuración y Ordenación Bancaria) o y que están en proceso de subasta o liderarán procesos de fusión. En cualquier caso, y dado que aún siendo comparativamente más fuertes que las del resto de los grupos, tienen grandes necesidades de capital y requerirán de ayudas públicas para realizar esas integraciones. Dentro de este proceso, BBVA se ha adjudicado Unnim por la irrisoria cantidad simbólica de 1 euro y ayudas públicas estimadas superiores a los 2.000 millones de euros. CaixaBank ha adquirido Banca Cívica sin ayudas públicas específicas mediante un intercambio de acciones que ha valorado esta entidad en algo más de 900 millones de euros. Con anterioridad a estas dos operaciones, Banco Sabadell adquirió en subasta realizada por el FROB la Caja de Ahorros del Mediterráneo (CAM). Las ayudas públicas para esta operación, incluido el esquema de protección de activos, supondrán una cifra cercana a los 40.000 millones de euros.

Las entidades encuadradas en el grupo 2 son las únicas que podrían permanecer al margen de los movimientos porque pueden manejar la situación por sí mismas, aunque esto no quiere decir que no puedan participar en los movimientos del sector. En todo caso, no tienen capacidad de adquirir las entidades de los grupos 3 y 4 sin ingentes dotaciones de dinero público. Es evidente que los grupos

GRUPO 1

Entidades que aunque necesitan capital lo pueden obtener por sus propios medios. 1,51 billones de euros de activos

- B.Santander Activo: 316
- B.Popular Activo: 162
- B.B.V.A+Unnim Activo: 329
- B.Sabadell Activo: 166
- Caixabank+Banca Cívica Activo: 339
- Ibercaja + Cajatres Activo:66
- Banca March Activo: 13
- Caixa Ontinyent Activo:0,93
- Caixa Pollensa Activo:0,35
- Banca Pueyo Activo: 0,98
- Sector Cajas Rurales Activo:123

AYUDAS
69 mil millones de euros de ayudas públicas
65 mil millones del BCE

GRUPO 2

Entidades que necesitan capital y lo pueden obtener vendiendo activos 279 mil millones de euros de activos

- Banco Caixa Geral Activo: 7
- Liberbank Activo: 51
- Banco Gallego Activo: 5
- Kutxa Bank Activo:74
- Bankinter Activo: 62
- Unicaja Activo: 80

AYUDAS
17 mil millones de euros de ayudas públicas
10 mil millones del BCE

GRUPO 3

Entidades que necesitan urgentemente capital 405 mil millones de euros de activos

- Banco Financ. Ahorros Activo: 337
- Banco Mare Nostrum Activo: 68

AYUDAS
33 mil millones de euros de ayudas públicas
20 mil millones del BCE

GRUPO 4

Entidades controladas por el FROB en proceso de subasta 171 mil millones de euros de activos

- Cataluña Caixa Activo: 75
- NCG Banco Activo: 72
- Banco Valencia Activo:24

AYUDAS
23 mil millones de euros de ayudas públicas
9 mil millones del BCE

Fuente: elaboración propia a partir de datos del Banco de España, FROB, FGD y Tesoro.

3 y 4 no solucionarán sus problemas fusionándose entre ellos y, en todo caso, precisarán de enormes inyecciones de fondos para cualquier tipo de operación corporativa. El proceso de concentración dará como resultado un grupo reducido de enormes entidades financieras de carácter sistémico, es decir, «demasiado grandes para dejarlas caer», lo que supondrá inevitablemente una mayor inestabilidad para la economía española.

El sistema bancario español tiene profundos problemas. No se trata únicamente de problemas de liquidez sino también de solvencia. Se trata de dificultades generalizadas que han precisado la ayuda pública a más de 50 entidades. La solución requiere ingentes cantidades de capital adicional para su resolución. Hay que dejar claro que se trata tanto de un problema que afecta a cajas de ahorro como a los bancos privados.

Sin embargo, el diagnóstico erróneo ha culpabilizado a parte del sistema (cajas de ahorro) eximiendo a la otra parte (bancos privados). A partir de ahí, se han articulado soluciones buscando operaciones de concentración con la errónea creencia de que entidades de mayor tamaño tendrán más fortaleza cuando la solvencia depende de la cantidad y calidad del capital de bancos y cajas, y este aspecto no se ha solucionado. Las reformas del sector financiero implementadas siguen incidiendo en nuevos instrumentos de deuda (bonos contingentes convertibles, «cocos») y en exigir más provisiones pero únicamente en una parte del activo dañado. Es ya evidente que el quebranto oculto en los balances de las entidades no corresponde únicamente al sector inmobiliario.

Por todo lo anterior, existe una grave responsabilidad política del Gobierno actual y del anterior. Se han utilizado ya más de 141.000 millones de euros de dinero público en un momento en el que se demoniza el gasto social sin garantía alguna de su buena gestión. Además, la actuación del Banco de España en su calidad de supervisor del sistema financiero español se puede calificar de deplorable por su dejación de funciones a la hora de ejercer el control requerido. Las entidades ocultan pérdidas en sus balances y el responsable de supervisarlas no ha actuado contra los administradores responsables de ello.

El Fondo de Reestructuración y Ordenación Bancaria (FROB) no ha cumplido con el fin para el que fue creado. Con el pretendido objetivo de minimizar el coste para el erario público ha actuado tarde y de forma insuficiente para abordar la dimensión del reto que tenía enfrente. También es recriminable la actuación de la Comisión Nacional del Mercado de Valores (CNMV), que ha dado validez a la información facilitada por las entidades financieras, especialmente de las que han salido a Bolsa en el marco de este proceso. Es evidente la responsabilidad de los órganos de administración de bancos y cajas por la ocultación y el falseamiento de la situación patrimonial de las entidades.

De igual forma es preciso resaltar la responsabilidad de las firmas auditoras por su actuación, en la que no dejan de existir claros conflictos de interés ya que aprueban las cuentas anuales de entidades que cuando posteriormente son analizadas tras una intervención pública revelan astronómicos agujeros económicos. El caso Deloitte en Bankia es la prueba notarial de que hay que auditar a las auditoras. Solamente después de la presentación de las cuentas anuales de su matriz (Banco financiero y ahorros) con un déficit patrimonial insostenible, se ha negado a emitir su informe sin salvedades. El resultado ha sido la dimisión del presidente de BFA-Bankia, Rodrigo Rato, pero el retraso en la actuación fiscalizadora que tendría que haber tenido Deloitte, ha provocado graves daños económicos a inversores y accionistas.

Las medidas articuladas que proporcionan liquidez prácticamente ilimitada garantizan que ninguna entidad financiera española colapsará en los próximos tres años. Sin embargo, eso no soluciona el problema. El sistema financiero que debiera intermediar para hacer llegar préstamos a empresas y familias ni funciona ni lo hará en bastante tiempo. Y eso causará daños irreparables a la economía española con consecuencias devastadoras en cuanto a la destrucción de empleo y del tejido productivo.

Desde la Plataforma por la Nacionalización de las Cajas seguiremos denunciando la inútil inyección de dinero público para salvar a unas entidades en quiebra sin desarrollar una estrategia política de conformar una banca con capacidad de hacer que el sistema financiero funcione.

Anexo

Bancos y cajas de ahorro clasificadas por total de activos
(Miles de millones de euros)

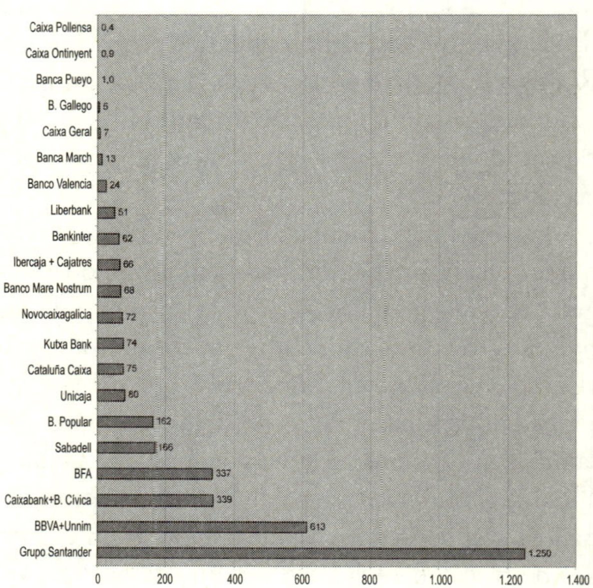

Bancos y cajas clasificadas por activos en España
(Miles de millones de euros)

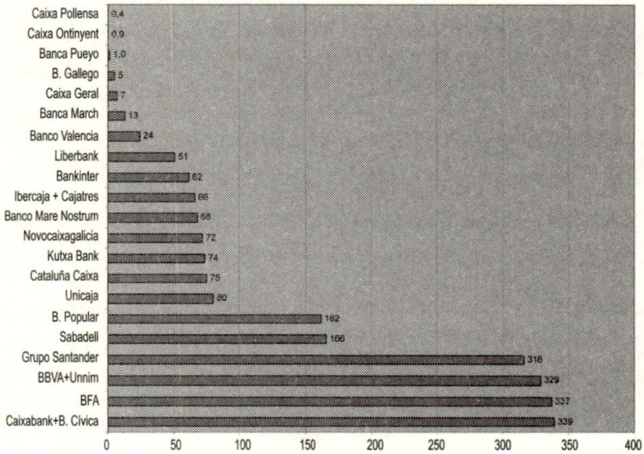

Cooperativas de crédito clasificadas por activos en España
(Miles de millones de euros)

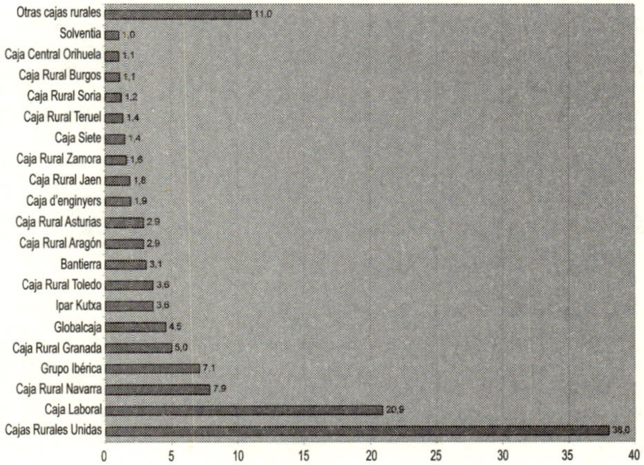

Empleados por grupo de entidades

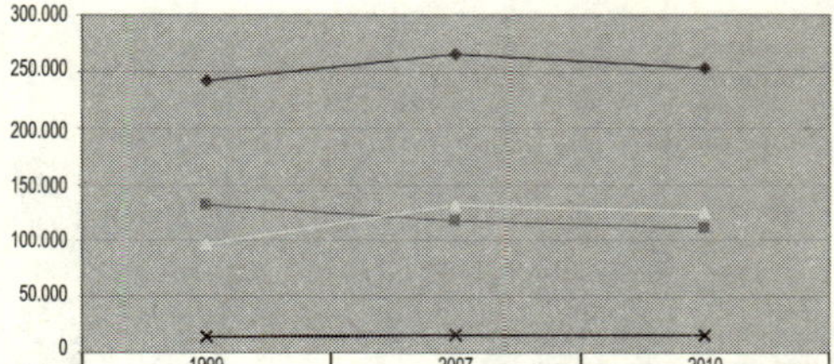

	1999	2007	2010
Bancos	131.460	117.559	111.971
Cajas de Ahorro	97.276	131.933	125.162
Cooperativas de Crédito	13.855	15.651	15.997
TOTAL	242.591	265.143	253.030

II

El expolio de las cajas de ahorro

> Quien controle el volumen de dinero en nuestro país es el amo absoluto de toda la industria y el comercio... Y cuando uno se da cuenta de que el sistema entero está controlado fácilmente de un modo u otro por un puñado de hombres en las más altas esferas no le hará falta que le digan cómo se originan los períodos de inflación y depresión.
>
> JAMES A. GARFIELD (1831-1881),
> presidente de los Estados Unidos

Las cajas de ahorro están tan presentes en ciudades y pueblos que puede parecer que siempre han existido o que siempre han sido iguales en sus políticas o entre ellas mismas. Por eso es interesante repasar su trayectoria para valorar la importancia histórica que supone la actual oleada de privatizaciones en la que están sumidas.

En un país como España, tan influido por el peso de la Iglesia católica, conviene recordar que el interés, como concepto financiero, fue considerado usura pecaminosa durante siglos y que el concilio de Letrán admitió en 1515 el interés moderado. Posteriormente, en el concilio de Trento (1545-1563) los Montes de Piedad se definieron como benéficos. Los pósitos, almacenes de grano para prestar ante malas cosechas, y los Montes de Piedad se desarrollan en España en los siglos XVII y XVIII.

La reforma protestante se desmarca del carácter católico piadoso de los Montes de Piedad, por lo que a finales del XVIII se crearon las primeras cajas alemanas. También en la segunda mitad del XVIII se fundaron en Inglaterra las primeras cajas para la mejora de las clases trabajadoras.

En la Fundación Caja Madrid en la Plaza de Celenque de Madrid hay un busto dedicado al padre Piquer, fundador del primer Monte de Piedad de España, con una inscripción que recoge su objetivo de aliviar las ánimas y los sufrimientos de los vivos. Hoy, en cambio, otros «vivos» la privatizan. El crédito prendario, que llegó a utilizar el escritor Valle Inclán al empeñar su capa, y el empeño de joyas siguen siendo hasta el día de hoy una financiación muy de último recurso.

Durante el trienio liberal (1820-1823), la Sociedad de Amigos del País denuncia la usura contra los pequeños agricultores cuando tienen malas cosechas y en 1838 se funda Caja Madrid.

Años más tarde, el Estatuto de Cajas de Ahorro Popular de 1933 las define como sin ánimo de lucro. Durante el franquismo se asignan cuotas obligatorias de inversión a sus excedentes e inversiones. Y en 1977, el Real Decreto 2290/1977 introduce una reorientación hacia labores equivalentes a la de los bancos en las reformas impulsadas por Enrique Fuentes Quintana, vicepresidente segundo para Asuntos Económicos durante el Gobierno de Adolfo Suárez.

La ley 31/1985 mantiene la definición de las cajas como sin ánimo de lucro. Por eso no se declaran beneficios sino excedentes, de los que cerca de un 25% de media se dirigían a la obra social, en la que coexistían, y coexisten, residencias para la tercera edad, centros para discapacitados, bibliotecas, instalaciones deportivas, becas para investigadores, promociones culturales… y boatos a la mayor gloria de las fuerzas vivas de cada territorio.

Ya en 1991, el holding ICO estaba formado por el Banco Hipotecario de España, el Banco de Crédito Local y el Banco de Crédito Agrícola. Además la Caja Postal pasó a tener estatuto de banco y el Banco Exterior absorbió el Banco de Crédito Industrial. Todo este sector público financiero, hoy privatizado, hacía la competencia al sector privado. En 1993 se empezó a desmontar y privatizar. En 1998 estas entidades se fusionan con filiales llamándose Argentaria, Caja Postal y Banco Hipotecario S.A. Y en 1999 en una fusión por absorción por el BBV se crea el actual BBVA.

A lo largo de nuestra historia, ha habido entidades financieras públicas, semipúblicas y privadas. El peso de cada una de ellas depende de la política del gobierno de turno, pero no se puede intentar ocultar esa variedad.

La famosa hucha con forma de cerdito nos da un ejemplo de cómo la mundialización económica, especialmente la financiera, está produciendo profundos cambios en los que lo local, lo regional, lo nacional, lo europeo y lo mundial se interrelacionan y chocan a una celeridad creciente. El ahorro según lo hemos entendido se ha transformado en especulación. Es así que al lado de la Plaza de Cibeles, en Madrid, llegó a haber un edificio de las cajas, iluminada con una hucha en la que constantemente entraba una moneda. Signo de los tiempos, actualmente en ese edificio está la sede de una de las mayores entidades bancarias del mundo: el banco chino ICBC. Tampoco hay que olvidar las crisis en la década de los ochenta y los noventa de las entidades Saving Banks en los Estados Unidos ni los intentos de creación de Bancas Sudamericanas, ni de las estructuras asiáticas y africanas que apoyan microcréditos, junto con las gigantescas actividades financieras de Hong Kong, Singapur, Shanghai. Dentro del marco occidental nos encontramos con la City de Londres, una de las cabezas de la hidra financiera, junto con Wall Street, y desde luego el Banco Central Europeo, con sede en Frankfurt.

Las cajas de ahorro son entidades cuyo estatus jurídico varía en los países de la Unión Europea, ya que frente al modelo alemán y español, con participación local y regional pública y prioridades territoriales, en Reino Unido existen las sociedades de capitales y en Francia los bancos cooperativos.

Las cajas de ahorros españolas provienen de un proceso de cientos de años con cambios legales y de denominación que han ido moldeándose a lo largo de la historia económica de España. La concentración de pequeñas entidades muy ligadas a las necesidades económicas y personales, desde una base local, con crecientes fusiones requiere un viaje en el tiempo, la geografía y la historia política española.

¿Qué empresas hay hoy en España? El 99,95% de las empresas son pequeñas y medianas empresas, más que la media de los países de la Unión Europea; es decir, estamos ante una necesidad de crédito minorista.

Empresas		**Plantillas**	**Valor añadido (en millones de euros)**
Micro	2.487.681	5.377.223	159
Pequeña	184.117	3.636.271	144
Mediana	22.048	2.109.383	104
PYMES	2.693.846	11.122.877	406
Grandes	3.268	3.130.652	192
Total:	2.697.114	14.253.529	508

Fuente: Fact Sheet Spain´09 (EC, 2009).

PARTICIPACIÓN EN EL MERCADO DE LAS CAJAS DE AHORRO (%)

	Depósitos no bancarios	**Prés. no bancarios**	**Crédito consumo**	**Prés. hipotecarios**
R.Checa	23,6	23	53,9	25,7
Alemania	32,1	21,9	28,1	28,7
ESPAÑA	50,1	47,5	34,4	57,4
Islandia	6,2	4,6	27,9	17,7
Portugal	32,4	26,1	11,4	35,9

Fuente: bases de datos de la European Saving Banks Group (ESBG) 2009.

¿CUÁN EXTENSA ES LA RED FINANCIERA DE LAS CAJAS EN ESPAÑA?

	Entidades	Oficinas	Plantilla	ATM (cajeros)
España-Ceca	45	24.985	133.454	35.847
Alemania	438	15.812	251.400	25.700

La agenda del Banco Central Europeo

Aprovechando los problemas de las cajas y los bancos privados los sucesivos gobiernos españoles, con la «inestimable» ayuda del Banco de España y del Banco Central Europeo, han desarrollado un plan que persigue los siguientes objetivos:

1) Expoliar el 50% del sistema financiero español y poner las cajas de ahorro al servicio de la gran banca privada con la excusa de defender su solvencia y exigiendo a las primeras un core capital del 10%, superior al exigido a los bancos privados, que están en peor situación. Tras este proceso de concentración de capital se pretende pasar de 45 entidades a 17 en un primer paso y finalmente a 6. Todo esto creará un oligopolio bancario excluyente que disminuirá el crédito a las pequeñas y medianas empresas y no generará una banca de proximidad, sino de rentabilidad a corto plazo, ni abordará los desequilibrios territoriales de España sino que los agrandará. Se liquidarán la obra social y las fundaciones y seguirán

con planes de negocios muy centrados en los mercados internaciones, plantillas incluidas.

2) Utilizar los fondos públicos para financiar el cierre de oficinas y el despido de plantillas.
3) Captar los cuantiosos recursos que suponen los depósitos controlados por las cajas de ahorro utilizando como pretexto la forma jurídica que, evidentemente, no es problema de las entidades. Eso es un pretexto para personas como José Manuel González Páramo, del comité ejecutivo del BCE, que en Basilea III participó en las exigencias de capitalización discriminatorias para las cajas, con la anuencia del gobernador del Banco de España. Era uno de los candidatos a ministro de Economía por el PP, que se sumó a toda velocidad a la Ley de 2011 de privatización de las cajas que propuso el PSOE.
4) Azuzar al Banco de España, que gustosamente se ha prestado a la labor, a trabajar en esa dirección liquidadora siguiendo el mantra «más músculo financiero (están hasta el cuello de deudas)», «despolitizar» las cajas y fusionar más entidades para ser menos localistas. Esto último significa que quieren ir donde está el negocio, no la necesidad empresarial o la necesidad social.

Las experiencias de Italia y Francia prueban la eficiencia de las cooperativas de crédito y los bancos cooperativistas y la mutualización de las cajas de ahorros es compatible con su mantenimiento como entidades regionales, vinculadas al tejido económico social de su entorno. La cercanía del ahorro y la inversión, la integración del tejido social y el compromiso con el desarrollo son poderosas herramientas contra la exclusión social.

La destrucción de las Casse de Risparmio, las cajas italianas, se remonta a 1990, cuando con la ley Amato-Carli se produjo la escisión de la propiedad y el negocio bancario de las 80 cajas existentes en Italia.

El ritmo con que se lleva esta política en España es excesivamente rápido y sembrará de conflictos, exclusiones y tensiones territoriales el mapa financiero español ya que la banca privada, internacionalizada además, no va a atender ni la proximidad, ni los atrasos territoriales, ni el diseño de un imprescindible cambio de la tipología de microempresas actual que no pueden ser la base para eliminar el paro estructural. Las auditoras y los procedimientos de *due dilligence* no son garantía de nada, ya que parten de la aceptación del proceso de privatización de sus clientes.

El futuro de una España económicamente no tan dependiente y soberana exige recuperar una banca pública con control social y, sin embargo, lo que ya podría oler a público se nos ha expoliado por decreto.

Eso es lo que no quiere, hoy, el BCE que busca ajustar todo al servicio de los grandes intereses que imponen una determinada división internacional del trabajo en Europa. Liberarnos del monocultivo turístico en Canarias, apoyar la industria naval en Galicia, defender nuestra agroindustria, aplicar la Ley de Costas, desarrollar las nuevas empresas de capital riesgo, reindustrializar España sin deterioros ambientales, mejorar nuestra soberanía energética etc., atacar el paro de raíz y pronto, requiere una banca pública, con otra política económica y con un gobierno a la altura de esas necesidades, no un títere de los mercados financieros y de los intereses creados. Es necesario el apoyo ciudadano. No podemos dejar que nos hayan expoliado y además les demos las gracias, porque van a jugar con nuestras vidas.

III
Bankia, modelo de bancarización de las cajas

> He aquí los dos aspectos [...] del sistema de crédito: por una parte, desarrollar el motor de la producción capitalista, es decir, el enriquecimiento por explotación del trabajo ajeno, para convertirlo en el sistema más puro y monstruoso de especulación y juego, y para limitar cada vez más el pequeño número de quienes explotan las riquezas sociales. Pero, por otro lado, constituir la forma de transición hacia un nuevo modo de producción.
>
> KARL MARX (1818-1883),
> del III Libro de *El Capital* (capítulo XXVII)

Una de las cajas de ahorros que mejor ilustra el proceso de bancarización y concentración financiera que estamos viviendo es Bankia-BFA, que es el resultado de la unión de siete cajas de ahorros: Caja de Ahorros y Monte de Piedad de Madrid, Caja de Ahorros de Valencia, Castellón y Alicante —Bancaja—, Caja Insular de Ahorros de Canarias, Caja de Ahorros y Monte de Piedad de Ávila, Caixa d'Estalvis Laietana, Caja de Ahorros y Monte de Piedad de Segovia y Caja de Ahorros de La Rioja. Estas entidades firman el 3 de diciembre de 2010 un contrato de integración que da lugar al nacimiento del Banco Financiero y de Ahorros (BFA) que, a su vez, constituyó Bankia en junio de 2011. Las cajas originales solo conservan una reducida parte de activos vinculada a sus obras sociales y bienes de carácter cultural, artístico y otros. La totalidad de su negocio financiero ha pasado a manos de BFA y Bankia.

El primer resultado de la creación de BFA-Bankia es que al frente de una entidad que agrupa siete antiguas cajas quedan los representantes designados mayoritariamente por instituciones gobernadas por el Partido Popular y, como accionistas, grandes empresas y fortunas privadas. Los representantes del PP llevan dirigiendo la mayoría de estas desde hace muchos años, y son los principales responsables de su situación, pero lo que acaban de hacer es abrir la puerta a convertirse en sus dueños. Miguel Blesa, el anterior presidente de Caja Madrid, era amigo del ex presidente del gobierno José María Aznar, y Rodrigo Rato, presidente hasta mayo de 2012, fue uno de sus ministros más destacados. José Luis Olivas, vicepresidente de Bankia hasta el escándalo del Banco de Valencia, y presidente de Bancaja, fue antes presidente de la Generalitat valenciana. Así pues, tenemos a la burguesía española y a su principal representante, el PP, dando los pasos necesarios para convertirse en propietarios de Bankia. Como en otros lugares, han colocado bien a «la familia».

¿Qué interés tienen en dominar esta entidad? Mucho, basta recordar la pugna dentro del propio partido por el control de Caja Madrid que se saldó con la designación Rodrigo Rato en detrimento de Ignacio González, candidato de Esperanza Aguirre, presidenta de la Comunidad de Madrid. Curiosamente este último es presidente del Canal de Isabel II, entre otros puestos estratégicos en la propia comunidad. El grupo BFA-Bankia acumula depósitos de clientes por importe de 165.447 millones de euros, tiene domiciliadas el 12,1% de las nóminas españolas, el 11,8% de los depósitos de clientes a plazo y el 14,3% de las cuentas de pequeñas y medianas empresas, además de participar en varios cientos de sociedades. El principal escollo que tienen que salvar para que la operación sea un éxito para los nuevos propietarios es el llamado «saneamiento» de la entidad, eufemismo para referirse a quien paga las deudas. Ellos se quedan el negocio de gestionar nuestros ahorros y nos hacen pagar a todos las deudas.

Mediante una operación capitaneada por algunas de las más importantes entidades financieras internacionales, Bankia sale a Bolsa en julio de 2011 y da entrada a inversores privados. En total, el 47,59% de la entidad pasa a sus manos, entre las que destacan empresas como Mapfre, Banco Santander y las sociedades de inversión de algunas de las mayores fortunas españolas, como Amancio Ortega o las hermanas Koplowitz. Dichas acciones se vendieron un 71% más baratas que su precio en libros, el que la propia entidad estableció, y se ha saldado en una ruinosa operación que redunda en perjuicio de la ciudadanía. El resto de Bankia es propiedad del BFA, que por ahora es su principal accionista. En marzo de 2012, la participación del BFA ha disminuido hasta poco más del 45% tras la transformación forzosa de participaciones preferentes y deuda subordinada en acciones de Bankia, en una operación que perjudica directamente a los pequeños ahorradores, siendo ya mayoritaria la parte de la entidad que pertenece a nuevos accionistas privados.

Hasta entonces, las cajas que integraban Bankia eran entidades privadas pero bajo dirección pública, sin posibilidad de ser vendidas a propietarios privados. En la medida en que se está desmantelando su dirección pública y dando entrada a accionistas privados con plenos derechos en la gestión, se está procediendo a una privatización de facto de las cajas del BFA-Bankia y su conversión plena en bancos. Para posibilitarlo el Gobierno de Rodríguez Zapatero tomó las medidas legislativas necesarias para permitir la entrada a accionistas privados. La Comunidad de Madrid, decisiva en la elección de los órganos de gobierno de Caja Madrid, modificó la Ley de Cajas de Ahorros de la Comunidad para permitir la venta a capital privado y limitar la presencia pública sin un solo voto en contra. De hecho, en la Asamblea General de dicha caja la decisión de crear el BFA tuvo más del 97% de apoyo, es decir, prácticamente no hubo oposición al proceso. Por tanto, hubo un consentimiento generalizado que nuestra Plataforma ha venido denunciando.

El grupo BFA-Bankia, siguiendo la tónica general del sistema financiero, debería estar en pérdidas desde 2010 si no fuera por la ingeniería financiera y las ayudas públicas.[1]

Su salida a Bolsa requirió de un ejercicio de contabilidad imaginativa y una gran cantidad de dinero público. Apenas se constituyó el BFA, el Fondo de Reestructuración Ordenada Bancaria (FROB) le inyectó 4.465 millones de euros en dinero público mediante la compra de «participaciones preferentes convertibles», una suerte de préstamo que BFA-Bankia debía devolver en cinco años, prorrogable por dos años más. Estas participaciones no han dado ningún poder de decisión al sector público en la gestión, a pesar de que es una cantidad muy superior a la que se recaudó con la salida a Bolsa, que fue de 3.092 millones de euros. Si el FROB hubiera pagado el mismo precio que los inversores privados debería ser titular del 68% de las acciones y, en cualquier caso, ya debería ser el accionista mayoritario. El anterior Gobierno y el Banco de España no solo dieron las ayudas sin entrar en la dirección de la entidad, sino que también dieron por buenos los informes que ocultaban problemas como los que posteriormente estallaron con el Banco de Valencia, integrante del grupo.

---

1. Véase el análisis «Banco Financiero y de Ahorros: ¿Qué hay detrás del discurso oficial?» recogido en la web de la Plataforma por la Nacionalización de las Cajas de Ahorro y por una Banca Pública.

Sin embargo, las ayudas públicas no terminan con las participaciones preferentes. A ellas se suman la compra de títulos, avales —junto con las capitalizaciones y las líneas de liquidez para el Banco de Valencia, algo más de 3.000 millones de euros—, que ascendían a finales de 2011 a 30.653 millones de euros. Además, está el recurso al Banco Central Europeo (BCE) —una entidad de la que responden el conjunto de los Estados de la Unión Monetaria Europea (UEM)—, del que ha recibido unos 40.000 millones de euros al 1% de interés a devolver en tres años. A su vez, BFA-Bankia presta al Estado a un interés muy superior, acumulando más de 25.000 millones de euros en bonos españoles. Si sumamos todas las ayudas podemos afirmar que el grupo BFA-Bankia ha necesitado por ahora un apoyo público superior a 70.000 millones de euros para evitar la quiebra. Una cifra que equivale al 7% del PIB español, y al 90% los presupuestos anuales sumados de los gobiernos de todas las comunidades autónomas a las que pertenecen las cajas que conforman Bankia. Que los préstamos públicos se devuelvan o que los avales no se tengan que ejecutar es algo que nadie puede garantizar, pero lo que sí podemos asegurar es que harán falta muchos más fondos públicos. De hecho, la situación de BFA-Bankia ha estallado en el mes de mayo de 2012. La negativa de Deloitte a dar el visto bueno a unas cuentas anuales de BFA tan irregulares como las del ejercicio pasado han provocado la dimisión de Rodrigo Rato y la ejecución de la cláusula de conversión de las participaciones preferentes en acciones del Banco Financiero y de Ahorros. A falta de una valoración definitiva, el FROB se hace con el control total de la entidad e indirectamente de su participada Bankia. Las siete cajas de ahorros hasta el momento accionistas perderán su participación accionarial o, en el mejor de los casos, la verán drásticamene diluida.

El problema es que actuaron como bancos

La situación de las cajas de ahorro requiere en este caso de unas explicaciones específicas para comprender bien el asunto y la mala estrategia adoptada. ¿Por qué necesita BFA-Bankia estas ayudas? Por los mismos motivos que el resto del sistema financiero. Durante el auge económico las cajas de ahorro se dedicaron a especular con el crédito, en particular con la inversión inmobiliaria. Los préstamos a promotores, constructoras e inmobiliarias para la construcción de vivienda de esta entidad ascienden a 42.390 millones de euros, el mayor capítulo de los préstamos a empresas. Casi un 40% de ellos está en situación de riesgo de impago, 16.698 millones de euros. Además, el crédito hipotecario a particulares asciende a 91.149 millones de euros y, aunque en este caso el índice de morosidad es muy bajo, puesto que las familias hacen cuanto está en su mano para pagar su casa, su tendencia será a aumentar progresivamente a causa de una nueva entrada en recesión.

Mientras los precios de la vivienda crecían la inversión inmobiliaria fue un negocio extraordinariamente rentable. Solo Caja Madrid ha ganado cerca de 8.000 millones de euros entre 2002 y 2009. Se generó una espiral creciente entre la inversión en vivienda y el alza de sus precios. Cuanto más demanda había, más subía el precio y viceversa. Era el llamado «efecto riqueza», que permitió ganar muchísimo dinero a una minoría, al tiempo que cerraba el acceso a la vivienda a muchas familias trabajadoras y obligaba a otras a un enorme endeudamiento. Sin embargo, como siempre sucede en el capitalismo, llegó la recesión y el precio de las viviendas empezó a caer, pero las deudas eran las mismas. Llegó el «efecto pobreza». Miles de empresas vinculadas a la construcción y al sector inmobiliario han quebrado, y cientos de miles de familias han sido desahuciadas, muchas de ellas arrastrando consigo enormes deudas por unas viviendas irracionalmente sobrevaloradas, sometidos a una nueva suerte de «esclavitud por deudas». BFA-Bankia se ha encontrado con los balances llenos de deudas incobrables y viviendas, edificios, promociones inacabadas y suelos que no cubren ni remotamente el valor de la deuda que avalaban. Bankia es la entidad que acumula mayor número de viviendas en sus patrimonio, 25.305, seguida del Banco Santander y el BBVA.

Es en este terreno donde resalta más cómo las cajas que hoy integran BFA-Bankia llevaban a cabo una práctica más cercana a la de un banco que a la de una entidad con finalidad social. Si los millones de euros prestados a promotores y constructores se hubieran invertido en construir vivienda protegida a través de empresas públicas de construcción y en suelo público, habrían podido construir medio millón de viviendas a un precio no superior a los 70.000 euros, que es el coste real de una vivienda de 90 metros cuadrados, y evitado el endeudamiento salvaje de miles de familias. Combinando la promoción pública directa de vivienda en alquiler, que permitiría crear un amplio parque público de pisos en alquiler a precios realmente asequibles, con una política pública de rehabilitación de casas, se habría garantizado el derecho a la vivienda para la inmensa mayoría y evitado la desastrosa situación económica actual de dichas entidades.

Sin embargo, las administraciones autonómicas de las que dependían las cajas de Bankia alentaron la especulación urbanística y redujeron a la mínima expresión la construcción de vivienda protegida y la rehabilitación. Así aseguraban un negocio que ha sido extremadamente rentable para una minoría, mientras las deudas las estamos pagando la mayoría directamente mediante desahucios, sacrificios ingentes para pagar la hipoteca e, indirectamente, mediante inmensas cantidades de dinero público que se pone a disposición de dichas entidades al tiempo que se recorta el gasto social.

Además de la especulación inmobiliaria, los directivos de las cajas integrantes de Bankia han invertido los recursos de estas en actividades como el Parque Warner, Terra Mítica, o en proyectos ruinosos como la Ciudad de las Artes y las Ciencias, la Ciudad de la Luz, etcétera. Asimismo, Bankia es uno de los principales acreedores ayuntamientos como el de Madrid —el segundo tras el BBVA—, cuyo principal proyecto bajo la gestión del ex alcalde Alberto Ruiz Gallardón fue el enterramiento de la M-30, hoy Calle 30, por miles de millones de euros y que ha convertido a esta ciudad en la más endeudada de toda España. Y para acabar de rubricar su «vocación social», invirtieron en negocios sanitarios como la empresa Ribera Salud que gestiona hospitales en Alzira, Denia, Torrevieja, Manises, Elche, Torrejón de Ardoz y San Sebastián de los Reyes, y que Bankia acaba de vender a la empresa Capio.

No podemos dejar BFA-Bankia en manos privadas

Los directivos de BFA-Bankia, y sus predecesores, también han emulado a los bancos otorgándose salarios millonarios. En 2010, el Consejo de Administración de Caja Madrid, de 22 miembros, percibió más de 17 millones de euros. Diversas fuentes establecen que el anterior presidente de esta caja ganaba más de tres millones de euros anuales, y el primer presidente de BFA y de Bankia, Rodrigo Rato, recibió en 2011 unos 3,4 millones de euros. La retribución completa es 428 veces superior al salario mínimo interprofesional.

La privatización-bancarización de BFA-Bankia ha acarreado la destrucción de 3.750 puestos de trabajo, agravando el desempleo y deteriorando las condiciones de trabajo de su plantilla y la atención a la mayoría de los depositarios, los cuales sufren ahora comisiones mucho mayores que antes. Y, finalmente, la privatización está abocando a la obra social a su desaparición, lo único que sí daba una finalidad social a la existencia de estas cajas, a pesar de que se le dedicaba una cantidad insuficiente de los beneficios, que su uso no era el mejor posible socialmente y que se empleaba mano de obra en condiciones muy precarias. En 2010 se dedicaron 212 millones de euros a obra social y la previsión es que en 2013 apenas supere los 42 millones.

La situación financiera de la entidad es grave, en línea como la de todo el sector. Sin apoyo público no sería viable y quieren hacerse cada vez más grandes para poder seguir compitiendo y teniendo capacidad de exigir ayudas públicas. Si BFA-Bankia queda en manos privadas, lanzada a la competencia por la máxima ganancia para sus directivos y grandes accionistas, solo es cuestión de tiempo que asistamos a futuras crisis.

Los hechos han dado la razón a la Plataforma por la Nacionalización de las Cajas de Ahorro que ha anticipado la deriva insostenible a la que han llevado a la entidad los gestores, el Banco de España y el Gobierno. Es hora de exigir que BFA-Bankia se nacionalice íntegramente, sería injusto que solamente sufriera el quebranto una parte del capital (el correspondiente a las cajas de ahorro). Es necesario que no sigan dirigiéndola los mismos de siempre, paulatinamente convertidos en sus dueños, sino que se transforme en parte de la necesaria banca pública. No para volver a la situación previa, que fracasó, sino para introducir un control democrático y una transparencia reales. Esa es la única forma efectiva de realizar una auditoría que nos permita saber cuál es su auténtica situación financiera, y que los ahorros que ahora gestiona se empleen de la forma más útil socialmente, sin la dilapidación de recursos que se ha hecho estos años pasados.

Esta demanda es crucial para el conjunto de la izquierda sindical y política, que ya tuvo la oportunidad de transformar las cajas en la base de un sistema financiero social y público, pero que optó por integrarse en el sistema, a pesar de los denodados intentos de algunos compañeros y compañeras que desde las candidaturas de la izquierda en dichas cajas pelearon por ello y que hoy siguen haciéndolo. Aprender de esa experiencia para no volver a repetirla es nuestra primera obligación.

IV

¿Hacia dónde vamos?

> No tardará en transigir con el fin quien está dispuesto a transigir con los medios.
>
> ARTURO GRAF (1848-1913), poeta italiano

El sector bancario privado, por propia naturaleza, debe obtener cada vez mayores rentabilidades en el menor tiempo posible y seguir compitiendo a nivel global. Esto provoca que las entidades se comporten como entes únicamente sujetos a las reglas de este escenario, tan grande como el mundo, pero tan pequeño como sus objetivos.

Tales circunstancias lo alejan de la economía real, lo acercan a las burbujas de tipo especulativo donde quiera que estas surjan y separan su actuación de sus funciones primitivas: recoger el exceso de ahorro de una parte de la población para satisfacer las necesidades de financiación de la otra parte.

Hasta diciembre de 2011 el Gobierno ha dado ayudas al sector por valor de más de 141.000 millones de euros, lo que supone una cifra cercana al 14% del PIB. En un contexto de fuertes recortes realizados con el argumento de la insostenibilidad económica del gasto social, el Estado está avalando emisiones de deuda realizadas por BFA-Bankia por un importe superior a los 28.000 millones de euros, equivalente a cinco veces el gasto público en investigación y desarrollo presupuestado para 2012.

El gran problema del sistema bancario español, en el que incluimos a las cajas de ahorro, ha sido su desmesurada participación en lo que podríamos denominar «la gran fiesta del ladrillo». Fruto de esos excesos, ahora debe sanear sus balances y dotar provisiones, es decir, reconocer las pérdidas derivadas de la concesión de créditos que se han convertido en irrecuperables.

Las provisiones constituidas por las entidades (más de 105.000 millones de euros al final de 2011) se han revelado absolutamente insuficientes en el contexto actual de profundo deterioro de la economía. Las reformas del sector financiero implementadas por los gobiernos han incidido en la exigencia de más provisiones para adecuar el valor teórico de las entidades a su valor real. Sin embargo, la política de los bancos, consentida por el Banco de España y los gobiernos, ha seguido en la línea de potenciar el reparto de dividendos en un momento de imperiosa necesidad de capital.

Recientemente, el ministro de Economía y Competitividad Luis de Guindos, ex director para España y Portugal de la quebrada Lehman Brothers y ex consejero del Banco Mare Nostrum, anunciaba que el sector bancario todavía necesitaba otros 52.000

millones de euros para sanearse por completo. En general, la prensa española ha tomado por bueno este dato. No obstante, otros medios internacionales como el diario económico neoliberal *Financial Times* han criticado la falta de rigor de este análisis y ha cifrado estas necesidades adicionales entre los 70.000 y los 100.000 millones de euros, cuando mantener la sanidad pública española supone 75.000 millones de euros al año.

El propio *Financial Times* considera que de todas las entidades españolas, tan solo Banco Santander, BBVA y CaixaBank podrán hacer frente a estas nuevas provisiones.

Además de la insuficiente y lenta actuación en la recapitalización de las entidades, la reforma del sector financiero aprobada en febrero de 2012 potencia las fusiones entre entidades para que las que sean incapaces de sanearse de forma individual se apoyen en las menos dañadas. Sin embargo, esta actuación lleva consigo un riesgo tremendo al crear «entidades sistémicas» demasiado grandes para dejarlas caer si tienen dificultades. Un ejemplo de ello es BFA-Bankia, que supone el 10% del sector financiero español y al que el Estado ha tenido que apuntalar de nuevo ante el riesgo inminente de insolvencia.

En esta situación se genera un caldo de cultivo ideal para obtener mediante el engaño lo que no se puede obtener por las vías convencionales. Las entidades engañan a sus clientes con informaciones incompletas, hinchando y alargando sus créditos o aumentando las comisiones. También engañan a sus inversores vendiéndoles productos de manera fraudulenta, canjeando sus bonos por acciones, suspendiendo pagos de intereses o recomprándoles su deuda con fuertes descuentos. Lo hacen con la connivencia de unas auditorías realizadas por compañías que dan validez a unos estados financiero falseados que solamente descubren abultadas pérdidas después de que sean intervenidas por el Banco de España (CAM, Banco de Valencia, BFA...).

El engaño es extensible a sus empleados, quienes además de no saber o no querer saber qué productos financieros están vendiendo ni con qué nivel de riesgo, sufren también despidos masivos. Hasta el momento se han destruido más de 13.000 puestos de trabajo pero existe una amenaza directa que podría concretarse en un recorte de más de 40.000 empleos.

Proliferan también los engaños entre las propias entidades a la hora de establecer las condiciones de fusión entre ellas (Bancaja en la operación que dio lugar a BFA o Cajasol en la que dio origen a Banca Cívica).

Engaño general el practicado por bancos y cajas con la permisividad de los diferentes gobiernos, que presumen de actuaciones basadas en Códigos de Buen Gobierno Corporativo cuando lo que han hecho ha sido percibir retribuciones disparatadas por haber llevado a la ruina a las entidades financieras.

El penoso panorama general se completa con la utilización del Fondo de Garantía de Depósitos para la reestructuración del sistema bancario. Sus fondos están prácticamente agotados por lo que, además de no poder desempeñar ese papel que se le ha atribuido, no podrá tampoco garantizar los depósitos de los ciudadanos, que es el fin para el que se concibió.

El perverso modelo culmina en el desahucio masivo de miles de familias atrapadas en una burbuja de crecimiento de precios del mercado inmobiliario de un bien como la vivienda. Es absurda la situación de un país en el que hay tres millones de viviendas vacías al mismo tiempo que muchas familias no tienen acceso a ese derecho constitucional.

Al mismo tiempo que ocurre todo lo anterior, el Banco Central Europeo sigue proporcionando liquidez ilimitada a unos intereses muy bajos —1%— a todas las entidades que lo deseen y en las cantidades que quieran. Estos préstamos baratos han alcanzado en total casi un billón de euros y más de la mitad han quedado en manos de entidades españolas.

A finales de abril, más del 67% del préstamo neto realizado por el BCE a las entidades financieras europeas había sido captado por bancos y cajas españolas. Se trata de un síntoma muy preocupante de la incapacidad de ellas de financiarse por sus propios medios. Se han convertido en «adictas» al dinero del BCE. Entonces, ¿habiendo tanto dinero en sus manos por qué este dinero no llega a familias y empresas? La explicación es clara. Tras el batacazo de las hipotecas y el ladrillo, estas entidades han decidido en conjunto adoptar una estrategia de espera. Toman este dinero muy barato del BCE y luego compran deuda soberana —a tipos del 3 o el 4 % en el caso de España—. Ya han comprado más de 220.000 millones de euros y tienen un 90% más que en diciembre de 2010. El resto del dinero están depositándolo en el BCE.

Lo más preocupante es que ni las propias entidades se esfuerzan por ocultarlo ni el Gobierno por impedirlo. De hecho incluso emite deuda del tesoro a la carta para que las entidades puedan cobrar sus intereses del 3 o el 4% justo antes de devolver el dinero al BCE al 1%.

Se trata de una estrategia en la que la banca invierte en productos seguros y reduce al mínimo los préstamos a la espera de que la situación mejore. El Estado, por tanto, está destinando todo ese dinero público a entidades que nada hacen por contribuir a la recuperación económica en vez de utilizarlo, como es su obligación, en usos alternativos como préstamos a familias y empresas, que podrían estar generando ya empleo y crecimiento.

Ni siquiera en términos de seguridad se trata de una inversión adecuada, pues las posibilidades de quiebra de las entidades a las que está ayudando son cada día mayores y los riesgos se agravarán en el futuro.

Entre los riesgos existe, en primer lugar, una gran contradicción entre lo hecho y lo manifestado al principio de esta crisis. Entonces se dijo que de no salvar a algunas entidades se produciría una situación de riesgo sistémico. Con este argumento se han concedido miles de millones de euros a las entidades para evitar que cayesen. Sin embargo, este proceso de fusiones financiado por el Estado está aumentando enormemente el tamaño de las entidades bancarias. De este modo son las propias medidas aplicadas las que están generando riesgos sistémicos de mayor volumen, con lo que socavan nuestro patrimonio público de manera completamente irresponsable.

Como consecuencia del proceso de concentración anteriormente descrito, se generan condiciones de oligopolio. Así se facilita el entendimiento entre entidades para acordar determinadas prácticas o ejercer presión sobre el Estado.

Se está incurriendo sistemáticamente en el denominado riesgo moral. Consiste en que una vez que ante una situación extrema algún agente intercede por nosotros para salvarnos, se genera una sensación de protección que anima a correr mayores riesgos en lo sucesivo. En este caso el agente que intercede es el Estado y lo hace para salvar a las entidades bancarias. Así, las entidades se sienten seguras y esto las incentiva a correr más riesgos en sus operaciones, más aún cuando cuentan con avales públicos efectivos.

El gran efecto que esta situación está produciendo es una transferencia de rentas de gran magnitud y a una velocidad enorme. Una transferencia que afecta a ciudadanos de a pie, a accionistas, inversores, clientes, los propios empleados y, por supuesto, al Estado en su conjunto.

Mientras las grandes fortunas siguen aumentando su patrimonio aceleradamente. Un dato muy esclarecedor que ratifica esto es que la Banca March, entidad especializada en la gestión de grandes patrimonios, ha visto crecer sus activos un 66% desde 2008. Al contrario que en el resto del sector, su equipo de gestores ha aumentado un 63%: de 35 a 57.

Este fenómeno de transferencias de rentas tiene su base en varias circunstancias. Al elegir la opción de financiar a las entidades, el Estado renuncia a fomentar medidas de estímulo directas a familias y empresas. Este ha sido su coste de oportunidad. La estrategia de espera de la banca prolongará la actual situación por años y mientras tanto este proceso de transferencia se fortalecerá. Incluso diarios españoles neoliberales como *Cinco Días* o *El Economista* ya han advertido de los inminentes riesgos de recesión que acechan a nuestro país por falta de flujo del crédito. Esta renuncia a solventar la situación por la vía directa generará un problema de deuda pública, que se unirá a la privada y agravará aún más la situación.

Un ejemplo del riesgo moral es que, al igual que se ha hecho negocio con consecuencias lamentables con la vivienda, nada ahora impedirá que se haga con la educación o la sanidad. Bankia, por ejemplo, tiene inversiones en empresas que proveen a las administraciones de servicios sanitarios. Si este esquema se generaliza, los objetivos de los centros de salud podrían acabar respondiendo a criterios de rentabilidad económica en vez de puramente médicos, como hasta ahora. Se trata de un sendero muy peligroso.

El proceso es inevitable: habrá crédito más caro y escaso, y actuaciones más arbitrarias de las entidades. Las empresas han visto contraído su crédito entre un 17 y un 22% durante 2011 en comparación con 2010. En cuanto a los créditos para vivienda, en 2011 las entidades concedieron 37.000 millones de euros, casi la mitad de 2010 y cuatro veces menos que hace cinco años. Aunque es evidente que el sobreendeudamiento es una de las causas de la crítica situación de bancos, familias y empresas, el estrangulamiento total del crédito no conseguirá otra cosa que empeorar la situación de todos.

Paralelamente, otras circunstancias reforzarán el proceso, como la previsible oleada de privatizaciones que el Gobierno pondrá en marcha próximamente con empresas muy rentables como Loterías del Estado o con la emigración de muchos jóvenes cualificados ante la falta de empleo provocado por la falta de flujo de crédito y que acaba haciendo rentable en otros países la inversión del Estado en su formación. Lo mismo que se está emprendiendo con la sanidad y la educación públicas, que deja a la ciudadanía más vulnerable con unos servicios miserables, servicios caritativos para los que se salen del esquema elitista de sus métodos perversos.

Las repercusiones de este proceso de transferencia de rentas se traducirán en última instancia en un modelo social más individualista y menos garantista de derechos y necesidades básicas.

Nos preguntábamos al comienzo hacia dónde vamos, ¿adónde nos lleva este esquema privatizador tan trasnochado? Con las actuales medidas, y a la vista de lo analizado, es evidente que el actual sector bancario privado no es capaz de ofrecer una solución a la ciudadanía. Por todo esto, la exigencia de una banca pública es una medida de sentido común ante la actuación de la banca privada.

V

Nacionalización, primer escalón hacia una banca pública

> Artículo 128.
>
> 1. Toda la riqueza del país en sus distintas formas y sea cual fuere su titularidad está subordinada al interés general.
>
> 2. Se reconoce la iniciativa pública en la actividad económica. Mediante ley se podrá reservar al sector público recursos o servicios esenciales, especialmente en caso de monopolio, y asimismo acordar la intervención de empresas cuando así lo exigiere el interés general.
>
> Constitución española

El sistema financiero español ha recibido 141.067 millones de euros hasta finales de diciembre de 2011, de diversas formas: compra de participaciones, avales, aportaciones al capital, etc. En total, equivale a 3.200 euros por habitante, que no está mal. ¿A cuántas personas les avala o les presta el Estado si se ven con la amenaza de desahucio? Es evidente que existen dos varas de medir según seas banquero o un simple ciudadano de a pie. Y eso aún no ha acabado, pues los bancos y cajas todavía precisan más apoyo público para compensar las pérdidas por la morosidad inmobiliaria.

En el cuadro de la página siguiente se detalla el apoyo a cada una de las entidades financieras en España a diciembre de 2011.

Se ha dicho que los citados apoyos buscaban tanto la inyección de liquidez para que las entidades financieras cumplieran con su función de intermediación como para ayudar a apuntalar la deteriorada solvencia de numerosas entidades financieras. La lógica preocupación por la solvencia de las entidades financieras plantea muchos interrogantes. ¿Por qué no se han valorado adecuadamente los activos hasta el punto de extender la desconfianza en la solvencia de las entidades? ¿Por qué se han mantenido niveles de apalancamiento tan elevados? ¿Por qué no se juzga la responsabilidad de reguladores, supervisores y gestores así como de los auditores del sistema bancario?

Muchas preguntas y ninguna respuesta por parte de los responsables de un proceso que es imprescindible que se revierta para seguridad de toda la ciudadanía.

No podemos escudarnos en la falta de regulación. Si hay un sector con normas, ese es el financiero. Sin embargo, el Gobierno de la nación y, de forma directa, el Ministerio de Economía, no ha gestionado de forma activa esta crisis bancaria. Su responsabilidad política es inexcusable.

La actuación del Banco de España en su calidad de supervisor del sistema financiero español se puede

Entidad	Participaciones Preferentes Convertibles	Capital	Esquema Protección de Activos	Adquisición de Activos FGD	Liquidez avalada FROB	Adquisición Activos Financieros (FAAF)	Emisiones de deuda avaladas Tesoro	Total (millones euros)	%
C.A.M	0	5.249	16.600	0	12.391	1.315	4.911	40.466	28,69%
BFA	4.465	0	0	0	0	3.322	19.768	27.555	19,53%
Cataluña Caixa	1.250	1.718	0	0	0	1.174	5.515	9.657	6,85%
Novocaixagalicia	1.162	2.465	0	0	0	1.158	4.584	9.369	6,64%
Banca Cívica	977	0	0	0	0	1.263	5.084	7.324	5,19%
Liberbank (C.C.M)	0	0	2.475	1.693	0	574	2.167	6.909	4,90%
Grupo Banco Popular (Pastor)	0	0	0	0	0	1.386	4.637	6.023	4,27%
Banco Mare Nostrum	915	0	0	0	0	933	3.329	5.177	3,67%
Grupo Unicaja (Caja España Duero)	525	0	0	0	0	1.060	3.238	4.823	3,42%
Caixabank	0	0	0	0	0	1.431	2.410	3.841	2,72%
Bankinter	0	0	0	0	0	1.013	2.193	3.206	2,27%
Banco de Valencia	0	1.000	0	0	2.000	98	0	3.098	2,20%
Unim	0	948	0	0	0	189	1.405	2.542	1,80%
Banco Cooperativo Español	0	0	0	0	0	0	2.461	2.461	1,74%
Cajamar	0	0	0	0	0	613	1.734	2.347	1,66%
Grupo BBK (Cajasur)	0	0	392	0	0	696	830	1.918	1,36%
Banco Sabadell	0	0	0	0	0	1.258	400	1.658	1,18%
Banesto	0	0	0	0	0	1.301	0	1.301	0,92%
Ibercaja	0	0	0	0	0	150	500	650	0,46%
Banco Caja Tres	0	0	0	0	0	134	100	234	0,17%
Lico Leasing	0	0	0	0	0	14	134	148	0,10%
Banca March	0	0	0	0	0	0	100	100	0,07%
Caja Laboral Popular	0	0	0	0	0	89	0	89	0,06%
Caja Rural del Mediterráneo	0	0	0	0	0	64	0	64	0,05%
Caja Rural de Navarra	0	0	0	0	0	63	0	63	0,04%
Caja Rural de Aragón	0	0	0	0	0	25	0	25	0,02%
Ipar Kutxa Rural	0	0	0	0	0	12	0	12	0,01%
Caixa Rural de Baleares	0	0	0	0	0	6	0	6	0,00%
TOTAL	9.294	11.380	19.467	1.693	14.391	19.342	65.499	141.067	100,00%
%	6,59%	8,07%	13,80%	1,20%	10,20%	13,71%	46,43%	100,00%	

Fuente: elaboración propia a partir de datos de diciembre de 2011 del Banco de España, FROB, FGD y Tesoro Público. Datos en millones de euros.

calificar de deplorable por su dejación de funciones a la hora de realizar su tarea. La información que debieran proporcionar los estados financieros de las entidades no reflejaba la imagen fiel del patrimonio de estas. Esas actuaciones no han merecido intervenciones más que cuando ha sido absolutamente inevitable y no se ha ejercido una adecuada actuación coercitiva ni sancionadora contra los administradores responsables de ello.

Es recriminable la actuación de la Comisión Nacional del Mercado de Valores que ha dado validez a la información facilitada por las entidades. Es evidente la responsabilidad de los órganos de administración de las entidades por la ocultación y el falseamiento de la situación patrimonial de las entidades.

Pero el apoyo no está siendo solo a nivel estatal, también el Banco Central Europeo, como órgano ejecutivo del Sistema Europeo de Bancos Centrales (SEBC) en el que está integrado junto con los Bancos Centrales Nacionales, proporciona de manera habitual cobertura a las necesidades de liquidez del sistema bancario español.

En cualquier caso las inyecciones reseñadas no solucionan el principal problema que tiene el sistema bancario español, que no es otro que un apalancamiento insostenible. No debemos olvidar que el apalancamiento medio de la UE es de 27 a 1, es decir, por cada euro de recursos propios tienen invertido 27 obtenidos a base de endeudarse, lo que implica que frente a todos sus activos, fundamentalmente créditos, tienen un patrimonio neto que no llega al 4%. Apenas si pueden responder ante cualquier aumento serio de la morosidad y por eso necesitan ayudas públicas. El apalancamiento medio de la banca española es de 24 a 1. Sus créditos con dificultades, solo en relación con las empresas inmobiliarias y constructoras, ascienden a 181.000 millones de euros. Además, la extrema debilidad de otros sectores económicos y el aumento del número de parados incrementarán sensiblemente la morosidad en préstamos. Por eso habrá más transferencias de recursos públicos al sector bancario.

Y mientras la banca se está financiando con dinero público (es decir, de todos los ciudadanos), a los ciudadanos y a las PYMES les es muy difícil acceder al crédito, porque la banca ha cerrado el grifo, ya que prefiere sacar sus beneficios (obtenidos con ese dinero público) de otras inversiones más fáciles y rentables, y que no consuman su escaso e insuficiente capital.

Estamos experimentando la tremenda insensatez que, derivada del Tratado de Maastricht de 1992, ha construido un sistema financiero que prioriza a los bancos privados frente a los estados. ¿Por qué el BCE no presta directamente a los estados? Porque entonces los bancos no ganarían dinero. De hecho, gran parte de los beneficios de los bancos españoles provienen de la deuda pública en la que invierten. Así, mientras se paga más por la deuda pública se recorta el gasto social, los salarios y el empleo público. Es decir, que para pagar la insolvencia de los bancos estamos teniendo que despedir profesores y personal sanitario, recortar las prestaciones por dependencia, etc.

Ante esta situación de extrema dependencia del dinero público, ¿por qué se inyectan fondos en las entidades, muchas de ellas cajas de ahorro, para privatizarlas en un plazo corto de tiempo? ¿No ha quedado claramente acreditada la absoluta incapacidad del sector privado en el mundo financiero al asumir riesgos que han conducido a su quiebra?

El principal motivo para la privatización de las cajas de ahorro en España, como hemos venido viendo, ha sido disponer del 50% de los depósitos, es decir la mitad de la tarta financiera, y eso no lo podía consentir la banca privada. Los bancos son entidades privadas cuyo fin es la obtención de beneficios para sus accionistas. Esa es su prioridad absoluta. Han sometido a los gobiernos a sus propios intereses para recuperarse de una crisis que ellos mismo crearon con su ilimitada ambición. Y por el momento han conseguido someterlos.

Así, en la medida que el Estado paga las deudas de las cajas, las privatizan, logrando así el control de unas entidades que en 2009 tenían unos recursos de clientes de 1.165.963 millones de euros, con lo que se garantizan una fuente de financiación. No hay más que fijarse en la guerra que hay entre los bancos por captar clientes. Se quedan con las cajas a precios muy baratos, con rebajas de hasta el 70% y, con cuantiosas ayudas públicas, logran una inmensa clientela cautiva a la que nadie defiende.

Las cajas pueden y deben volver, bajo control público permanente. ¿Por qué no se queda el Estado como accionista por las aportaciones entregadas en el momento de su convertibilidad en vez de legislar que venderá (privatizará) su aportación a los cinco años? El Estado ya debería ser accionista mayoritario y actuar en consonancia con la magnitud del reto al que se enfrenta: dar una respuesta eficiente desde el sector público a la incapacidad de funcionamiento demostrada por el sector bancario privado en la actual crisis. Desde su inicio el Estado ha tenido que intervenir Cajasur, Caja Castilla la Mancha, CAM, Novacaixagalicia, Catalunya Caixa, Unnim, Banco de Valencia y Banco Financiero y de Ahorros. La suma de los activos que tendría que estar gestionando el FROB superaría el 30% del sistema financiero español. Sin embargo, las dos primeras han sido absorbidas por BBK y Liberbank, y CAM y Unnim han sido adjudicadas a Sabadell y BBVA respectivamente. Estas operaciones se han formalizado gracias a fuertes ayudas públicas que seguramente tendrán que incrementarse en fechas próximas. El FROB sigue controlando más de un 22% de los activos del sistema bancario español pero sin desarrollar otra política que la de inyectar fondos públicos para volver a privatizar estas entidades. Ya hay una proposición para configurar una comisión de investigación propuesta por la Izquierda Plural con el fin de que afloren todas estas incógnitas que están permitiendo tanta irregularidad y atraco a partir de decretos que obvian la soberanía del pueblo y su derecho a decidir. En este caso sobre sus bienes legítimos, el dinero con el que se han venido enriqueciendo muchos en el contexto de las cajas, y que ahora enriquecerán a los banqueros.

La economía española está sumida en una crisis que se agudiza, entre otras causas, por el absoluto estrangulamiento del crédito provocado por la situación de las propias entidades bancarias.

Por todo lo anterior, hoy más que nunca son necesarias unas cajas de ahorro públicas que respalden la política económica y social de las administraciones públicas desarrollando los servicios públicos y dando prioridad al empleo.

Es verdad que las cajas no han funcionado bien, precisamente porque actuaban como bancos; pero ello no se arregla convirtiéndolas en lo mismo, sino transformándolas en el pilar de una banca pública. Eran entidades privadas bajo control público y queremos que se conviertan en entidades públicas bajo control democrático. Sin una banca pública, cualquier gobierno será prisionero de los «mercados».

No queremos unas cajas que emulen a los bancos, con los altos directivos que se adjudican sueldos millonarios que solo pueden ser calificados de obscenos. Para más escenario, estas actuaciones han contado con el respaldo de los integrantes de los consejos de administración, muchos de ellos con representantes de partidos de izquierda y sindicatos de clase. Más aún cuando miles de trabajadores están siendo despedidos y en la obra social de las cajas están en situación de precariedad y con salarios muy modestos. Además de a los directivos y consejeros, hay que exigir responsabilidades a quienes tenían que controlarlos a ellos —comunidades autónomas, ayuntamientos, representantes de partidos y sindicatos, etcétera—. Transformadas las cajas en públicas, deben abolirse los privilegios de sus directivos, equiparando sus salarios a los de los trabajadores de la administración pública.

Queremos unas cajas con una obra social potente y orientada de forma prioritaria a necesidades sociales en coordinación con las actuaciones en estos campos del Estado, Comunidades Autónomas y corporaciones locales.

No podemos dejar de criticar el contenido que hasta ahora la obra social ha tenido y a las que las cajas de ahorro han destinado, por término medio, el 25% de sus beneficios. En 2008, un tercio se dedicó a actividades culturales y de ocio dirigidas a segmentos de nivel adquisitivo medio y alto. Aun con estas carencias, la obra social sí juega un importante papel afectando a la vida de muchas personas, puesto que las cajas tienen una buena cantidad de actuaciones sociales muy útiles como bibliotecas, centros de día para mayores, salas de exposiciones, centros escolares para disminuidos, centros culturales, etc. A pesar de las declaraciones de intenciones, si no lo remediamos, la transformación de las cajas en bancos, que supeditará su actuación a la ley del máximo beneficio, será el fin de la obra social a medio plazo.

Queremos unas cajas públicas que no intenten obtener recursos atrapando a pequeños ahorradores con inversiones vergonzosas en participaciones preferentes sin liquidez ninguna, que no intenten lucrarse especulando con productos y activos financieros sin beneficio alguno para la economía real, que no tengan actividades especulativas o cuentas y delegaciones en paraísos fiscales para así evadir impuestos.

Queremos unas cajas públicas cercanas al ciudadano y al territorio que resuelvan los problemas financieros de las personas y las pequeñas y medianas empresas, que se impliquen en la política económica y social y que ayuden a resolver el grave problema del empleo.

En definitiva, pelear por hacer públicas las cajas es un paso necesario para detener y revertir la oleada de medidas económicas que las instituciones de la Unión Europea y el Fondo Monetario Internacional, y nuestros gobernantes, llevan imponiéndonos desde que empezó la crisis, y cuyas consecuencias son regresiones constantes en los derechos de los trabajadores y el recorte del gasto social. Todas estas medidas son aplicadas con el respaldo de centros académicos, preferentemente de economistas neoliberales —premios Nobel incluidos— y de grupos de presión organizados en fundaciones empresariales, que pretenden dar a dicha actuación una apariencia «científica». Son estos mismos centros y grupos de presión los que nutren de ejecutivos a la banca, a las grandes empresas y a las instituciones públicas encargadas de aplicar los ajustes.

Nuestras propuestas

En consecuencia, hacemos un llamamiento a las entidades sociales progresistas y ciudadanos críticos a unirse a la Plataforma por la Nacionalización de las Cajas de Ahorros y por una Banca Pública para que denuncien esta política, que solo fortalece la opulencia de unos cuantos a costa de los esfuerzos del 99% restante, y demanden las mismas exigencias que hemos venido estudiando y que son la única solución para mantener nuestra integridad social, laboral y ciudadana:

- Derogación de todas las medidas legislativas que abren la puerta a la conversión de las cajas en bancos privados.
- Realización de auditorías por organismos públicos competentes de todas las entidades financieras para conocer su situación real, realizada por empleados públicos sin ningún vínculo con las entidades financieras. Sus resultados se harán públicos en un lenguaje y forma asequibles para los ciudadanos.

- Conversión de las cajas de ahorro en entidades públicas mediante su nacionalización. El dinero público que se ha utilizado no debe retirarse en el plazo de cinco años.
- Creación de un sistema público de cajas de ahorro coordinado y basado en el principio de solidaridad.
- Fin de los sueldos millonarios de los altos directivos y establecimiento de un sistema retributivo equivalente al existente en la función pública.
- Revisión de la actuación de los consejos de administración de las empresas participadas por las cajas para asegurar una actuación correcta financiera y socialmente.
- Establecimiento de políticas que garanticen un mejor trato a impositores, fin de desahucios para familias imposibilitadas del pago de su primera vivienda y establecimiento de un stock de viviendas en régimen público de alquiler.
- La gestión de las cajas será democrática, pública y conocida por toda la sociedad.
- No a la destrucción de puestos de trabajo, y continuidad de la obra social que garantiza el adecuado uso social de los recursos.
- La actuación de las cajas formará parte integral de la política económica y social de las Administraciones Públicas con la prioridad de la consecución del pleno empleo y el desarrollo de los servicios públicos.

VI
Una banca pública, la solución

> Hasta que el control de la emisión de la moneda y el crédito sea restaurado al Gobierno y reconocido como su responsabilidad más evidente y sagrada, todo discurso sobre la soberanía del Parlamento y de la democracia es trivial e inútil. Una vez que una nación abandone su control sobre el crédito, ya no importa quién hace sus leyes. La usura una vez en control arruinará a cualquier nación.
>
> WILLIAM LYON MACKENZIE KING (1874-1950),
> ex primer ministro de Canadá que nacionalizó
> el Banco de Canadá

El Estado del bienestar, la edad de oro de la economía y a la que se llegó con dolor y sangre de la clase trabajadora, se caracterizó por la apuesta por lo público. La renta en la Europa occidental entonces creció mucho más que en los años posteriores. Según un estudio de Jefffrey D. Sachs (Universidad de Columbia), las democracias sociales nórdicas, donde nació en Europa el Estado del bienestar, tienen unos indicadores económicos y de desarrollo humano superior al de los países ricos donde el poder del mercado es mayor. Dinamarca, Finlandia, Noruega y Suecia, con altos impuestos y una alta participación del Estado, están mejor situados en la mayoría de los indicadores económicos (índice de pobreza, tasa de desempleo, balance presupuestario, salud...) que los Estados Unidos, Australia, Nueva Zelanda y Gran Bretaña, con un PIB per cápita similar. Es más, la agencia de calificación *Standard & Poor's* otorga a las democracias sociales nórdicas la triple A.

En el siglo XIX, en tiempos de la revolución industrial, se implantó en el mundo el liberalismo económico, que se caracteriza por la total libertad de actuación de las empresas y por el papel residual que juega el Estado, dejando a cada cual al amparo de sus propias fuerzas. Las presiones de los trabajadores van obligándole a dictar leyes para evitar los abusos que se estaban produciendo. Este modelo económico fracasó a finales del siglo XIX y al principio del XX, con la depresión del 29; y a finales del XX y principios del XXI, con la crisis actual.

Bajo la influencia de las ideas keynesianas y socialistas, y por miedo a la extensión de la revolución comunista, surgen gobiernos socialdemócratas en los Estados Unidos y Europa que propugnan la intervención del Estado en la economía junto con el sector privado, ofrecen servicios básicos para toda la población que el mercado no ofrece y dictan leyes laborales para corregir las desigualdades, junto al apoyo a la industria nacional, con creación de empresas públicas para la producción de bienes estratégicos y financiadas con ayuda pública.

En aquel Estado del bienestar, el Banco Central estaba al servicio del gobierno y el resto de la banca pública era imprescindible. «El Banco Central es la institución que realiza las principales operaciones financieras del Gobierno. Es además el instrumento central de la política monetaria que dicta el gobierno de un país.»[1] Pero esta situación cambió con el Tratado de Maastricht (1992) donde los bancos centrales de los países europeos dejan de depender de los gobiernos. En España este cambio se concreta con la Ley 13/1994 de Autonomía del Banco de España. Y en 1999, se crea el BCE ya con autonomía total respecto de los gobiernos de los países de la Eurozona. Además y antes, en la posguerra existía en Europa una banca pública potente para apoyar el crecimiento de la actividad económica: bancos industriales, bancos agrícolas, bancos exteriores...

La libertad de movimientos de capitales y de mercancías que ha traído consigo el desarrollo sin límites del Tratado de Maastricht empujó a la desaparición de la banca pública.

«La desregulación financiera ha permitido que el valor de los activos financieros, llamados derivados negociados, se cifre en torno a 600 billones de dólares en 2011 (el PIB mundial son 63 billones)».[2] Se puede entender con todo ello cuál es el poder fáctico que representa el sistema financiero frente a cualquier Estado.

1. L. Ángel Rojo, ex gobernador del Banco de España de 1992 a 2000.

2. Juan H. Vigueras, miembro del Comité Científico de ATTAC España.

El sistema financiero de Bretton Woods (1944) buscaba ante todo evitar los fuertes desequilibrios monetarios y financieros que desembocaron en la Segunda Guerra Mundial. Pero en el debate ideológico entre las posiciones de Keynes (Reino Unido) y White (Estados Unidos) triunfaron las posiciones más limitadas de este último. El resultado fue la creación de unas instituciones multilateras con capacidades excesivamente reducidas y competencias insuficientes para resolver los desequilibrios comerciales y financieros a los que ha dado lugar la expansión del capitalismo durante el siglo XX. El sistema permaneció vigente hasta el año 1971, fecha en la que se suspendió la convertibilidad del dólar por oro. La relación dólar oro era de 35 dólares la onza de oro y el precio de las demás monedas era fijo respecto a dicha moneda. La cotización de la moneda la fijaba el Fondo Monetario Internacional (FMI) y cada país miembro. Solo se admitía un cambio en la cotización de la moneda si se producía un desequilibrio fundamental en la balanza comercial de un país.

Otra característica de aquel sistema financiero era que ni los ciudadanos, ni los bancos, ni las empresas podían mover libremente el dinero por el mundo, siendo los estados los que se encargaban de impedir el libre movimiento de capitales. En cambio sí se permitía a los bancos mover dinero para el comercio internacional o para inversiones reales que autorizaban los estados.

Pero tanto los bancos de Wall Street, en Nueva York, como los de la City en Londres estuvieron presionando contra las restricciones de hacer negocio en otras partes del mundo. EE UU, Alemania, Canadá y Suiza abandonaron en 1970 los controles a la libre circulación de capitales... y España y Portugal en 1992. De los demás países se encargó el FMI, presionándolos cuando les concedía un préstamo.

La Organización Mundial de Comercio (OMC) de la que la Unión Europa es miembro y promotora tiene entre sus principios eliminar las barreras arancelarias y las subvenciones. El Acuerdo General sobre el Comercio de Servicios (AGCS) se fija como objetivo final la privatización de todos los servicios entre los que están los servicios financieros. Utilizando ese marco, han proliferado las privatizaciones, incluidas las de las entidades financieras.

Hay que desmontar el mito de que lo privado es mejor que lo público para que los ciudadanos crean en la banca pública. La gente, tiene la percepción generalizada de que el mercado funciona y lo público es ineficaz. Enumerar unos cuantos fallos del mercado puede ayudar a deshacer este mito.

La teoría y los defensores del sistema de mercado se contradicen: defienden la competencia perfecta (muchas empresas pequeñas), pero apoyan a las grandes corporaciones y animan las fusiones de los bancos; hablan de la soberanía del consumidor, pero la publicidad y los medios manipulan a los ciudadanos; va contra los derechos humanos y el ecosistema, al considerar al ser humano y a la naturaleza mercancías (recursos), y no fines en sí mismos. Se han financiarizado todos los aspectos de la vida y no lo perciben.

Por otra parte, las teorías en defensa del sistema de economía de mercado no tienen validez científica: van en contra de la experiencia sensible; el libre comercio y la desregulación financiera no crean sin más, riqueza y bienestar para los ciudadanos. El mercado no es capaz de alcanzar la eficiencia social. No proporciona ni todos los bienes necesarios para una vida digna ni a un precio asequible para todos los ciudadanos. Los individuos no siempre toman las decisiones adecuadas ni para ellos ni para el conjunto de la sociedad. De ahí la necesidad de la actuación colectiva, entre otras cosas para evitar la creciente desigualdad.

Ante esa incapacidad de resolver la necesidad de créditos de familias y empresas por parte del sistema financiero privado, nos formulamos inevitablemente las siguientes preguntas:.

¿Por qué una banca pública?

Porque, como en la crisis de 1929, la banca privada, para aumentar su negocio, prestó mucho más de lo que podía y especuló sin límites. Salvar a los bancos ha costado más de dos billones de euros en ayudas directas y tres billones inyectados por los bancos centrales mundiales. En España, 141.067 millones de euros hasta diciembre de 2011 han sido repartido en diferentes instrumentos: participaciones preferentes convertibles, capital, adquisión de activos y avales.

Porque un país necesita de una banca pública y de empresas en los sectores estratégicos para ser soberano y libre. Cuando esto no ocurre, es la dictadura del mercado la que manda en ese país. El dinero es poder y el sistema financiero no solo recoge el dinero de los ahorradores, sino también crea dinero bancario (cuentas corrientes) y dinero financiero, por un valor mucho mayor que el de los billetes y monedas. El dinero efectivo que tiene la UE viene a ser 7% del total. Ese poder ha permitido a las grandes corporaciones cambiar las reglas económicas de apoyo a los ciudadanos y trabajadores por las leyes del liberalismo económico. Un Estado débil, sin banca pública y servicios públicos básicos es un país sin soberanía y sin libertad. El economista español José Luis Sampedro nos dice al respecto: «Imagine que entra a un mercado, pero no lleva dinero: constatará que no podrá comprar nada, que sin dinero no hay allí libertad de elegir».

Porque dar créditos al Estado, a las empresas y a las familias para poder funcionar es un servicio público esencial. «Los bancos no prevén dar más crédito pese a recibir 120.000 millones de euros del BCE» (*El Mundo,* 01-03-2012).

Tan necesario es que el Estado tenga dotación económica segura para sus obligaciones que la propia Constitución ya recogió en su articulado: «se podrá reservar al sector público recursos para servicios esenciales» (Constitución española en el art. 128.2).

Porque un banco público no busca tener beneficios. Esto le permite que parte del crédito se pueda dirigir a la transformación social y al cooperativismo, a la inserción de personas en riesgo de exclusión y a la sostenibilidad de la naturaleza.

Porque solamente en las empresas públicas se puede ejercer la democracia ciudadana para luchar contra la ineficiencia, corrupción, evasión fiscal y falsedad contable. Decir democracia es decir participación y autogobierno. «Los ciudadanos tienen el derecho a participar en los asuntos públicos» (Constitución española en el art. 23.1). Una gestión eficiente de los servicios públicos requiere de planificación, organización y control. En un banco público se puede exigir una participación crítica en su gestión y control.

Porque un banco público da más estabilidad al crédito. En un trabajo de investigación sobre el importante papel que cumplen los bancos públicos en tiempos de crisis presentado por Alfredo Schclarek, (director de CIPPES), y Michael Brei (Universidad de París) se encuentra evidencia de que estos conceden relativamente más préstamos que los bancos privados durante las crisis y de esta manera tienden a contrarrestar su impacto negativo sobre el sector productivo, mientras que los bancos privados profundizan en ella (en el estudio se analizan 500 bancos de 52 países entre 1994 y 2009).

Porque los ahorros de los ciudadanos deben ser para los ciudadanos y son estos ciudadanos los que deberían ser los primeros interesados en beneficiar a la sociedad con una buena gestión y no a los accionistas.

¿Para qué una banca pública?

Para utilizar los recursos económicos que proporcionan los bancos públicos en realizar una política económica que saque al país de la crisis y en particular para: crear empleo y desarrollar una política industrial diferente; ofrecer unos servicios públicos de calidad y suficientes y formar un parque público de viviendas para alquilar a precios asequibles y realojar a los que carecen de ella.

«Más de un millón de negocios cerraron desde 2006 a 2009 y se ha diezmado el tejido productivo» (*El País*, 29-08-09). Joseph Stiglitz, Nobel de Economía, anima a crear un banco público: «Pongamos 100.000 millones de dólares para crear un banco. Con un apalancamiento de 10 se podría disponer de un billón, con lo que habría de sobra para todos los préstamos que se necesiten».

Otra propuesta concreta, la de Izquierda Unida: crear tres millones de puestos de trabajo con una inversión pública inicial de 40.000 millones de euros gestionados desde un banco público. De estos 40.000 millones de euros, se recuperarían 20.000 millones por el ahorro en las prestaciones por desempleo. Pero además, el Estado tendría más ingresos (más de IVA por el consumo generado y más por las cuotas de la S.S. y del IRPF). Al final, el PIB del país aumentaría por el efecto del multiplicador del gasto público. Otro ejemplo es un proyecto que el Ministerio de Industria del anterior gobierno aprobó. Se emplearía a 750.000 personas invirtiendo 45.985 millones de euros en mejorar la eficiencia energética. Siempre que con gasto público se creen puestos de trabajo, el empleo y, por tanto, el PIB subirán. Para compensar el exceso de gasto, se pueden suprimir otros gastos corrientes (energía en los edificios públicos y en la iluminación de las calles; alquileres pagados por usar edificios privados...).

También para desarrollar todos los sectores, por ejemplo proyectos de desarrollo rural, de actividades tradicionales, de agricultura ecológica... y a nivel europeo, se necesita «una política industrial que desarrolle a todos los países por igual. La desigualdad en la producción imposibilita avanzar en la solución de la deuda (por déficit comercial) en Europa».[3]

Se estima en más de tres millones las viviendas vacías que hay en el país y que el 11,8% de las familias viven en alquiler. Un banco público es imprescindible para crear un parque público de viviendas en alquiler o un parque público de suelo para viviendas prote-

3. VV AA, *Vivir en deudocracia*, Barcelona, Icaria, 2011.

gidas y dotaciones para servicios públicos. Solo con estas medidas podrá frenarse el inexorable incremento de los desahucios. El número de ejecuciones hipotecarias desde 2007 hasta 2010 ascienden a 250.000. Hay que exigir la dación en pago para liquidar la deuda hipotecaria y que los que no tienen ingresos suficientes puedan seguir ocupando su vivienda por un precio asequible. El disparate social y perverso de este sistema financiero privado basado en el culto al beneficio frente al bien de las personas es tan agresivo que configura un mundo inhumano que quedará marcado para la historia futura como un período despiadado y despreciable.

¿Cómo debe ser una banca pública?

La banca pública buscará un objetivo doble: por un lado, tener un balance social positivo, lo que significa apostar por un desarrollo social y ecológicamente sostenible, que dará preferencia a los más pobres y excluidos, sin deteriorar a la naturaleza y, a la vez, ser viable para que pueda seguir con su actividad.

En todo caso la banca pública tendrá que ser democrática, para poder ser eficiente (económica y socialmente), transparente, ética y ecológica. No invertirá en actividades especulativas ni en los paraísos fiscales, por supuesto no usará los derivados ni participará en el mercado de las armas o de las drogas...

Si la soberanía reside en el pueblo (art. 1 de la Constitución española), el pueblo tendrá que participar en la gestión y control de los bancos públicos: los impositores, los trabajadores y también los ciudadanos tendrán que estar representados en los órganos de decisión y control. Junto a esto, el control de la gestión de los bancos públicos se realizará en los respectivos ayuntamientos y parlamentos autonómicos y nacional.

Es verdad que en las cajas de ahorro ha habido representación social y no ha funcionado para defender su objetivo social, pero ello no es excusa para no configurar el mejor modelo exento de peligros de personalismos, egoísmos y egocentrismos; de ahí la necesidad de conocer con absoluta transparencia las verdaderas causas de la toma de decisiones inadecuadas y las razones de que estos representantes hayan aceptado la corrupción y hayan incluso participado de ella. La existencia de mecanismos democráticos y sin clientelismos en la elección de representantes; su rotación indispensable y sin reiteración de cargos, controles de sus decisiones unidos a la exigencia de Códigos Éticos de buena conducta y sanciones para las transgresiones que se comentan, darán credibilidad a la banca pública.

Existen distintos ejemplos que pueden inspirar en alguna forma el modelo hacia el que transitar.

En diciembre de 2007 Argentina, Bolivia, Brasil, Paraguay, Uruguay, Ecuador y Venezuela firmaron el acta fundacional del Banco del Sur; el 16 de octubre de 2009, en Bolivia, se suscribió el Sistema Sucre (Sistema Unitario de Compensación Regional de Pagos) por Argentina, Bolivia, Cuba, Ecuador, Honduras, Nicaragua y Venezuela.

Frente al modelo económico financiero de la globalización, se está creando en América Latina una nueva arquitectura financiera y comercial para conseguir una mayor autonomía financiera y un mayor desarrollo endógeno de cada país sin dependencia del sistema global, pero no es un banco público puesto que además afecta a varios países. Su ventaja es que no dependerá del dólar, será un banco solidario y trabajará en el intento de fortalecer la economía de la región minimizando la dependencia de los organismos internacionales.

En Islandia —oculta por todos los medios de masa, y de la que no recibimos ninguna información hasta dos años después— cuando quebraron sus bancos en 2008 tras la crisis, se crean bancos públicos. El gobierno protegió las cuentas corrientes de sus ciudadanos y no se hizo cargo de los acreedores internacionales. El Banco Central puso controles para que no salieran los capitales fuera del país y así evitar el hundimiento de su moneda y crearon nuevos bancos controlados por el Estado a partir de los bancos antiguos. Este ejemplo no tiene porqué no tomarse aquí cuando vemos que la economía ha entrado en una nueva recesión, cuando con nuestro dinero se pagan las deudas privadas de los bancos que nos han llevado a la crisis, cuando el paro se prevé que va a alcanzar más de seis millones de desempleados y cuando el Estado incapaz y sometido solo sabe amenazar con un supuesto plan de austeridad que no es más que una destrucción salvaje de los servicios públicos, ganados y pagados por la ciudadanía.

Una experiencia a tener en cuenta es la del Banco de Industria Francés, de propiedad pública y facilitador del crédito a proyectos de inversión.

Otro ejemplo es el banco público de Dakota del Norte (EEUU), un banco americano inserto en la plenitud de un espacio marcado por las manipulaciones sistemáticas de Wall Street que tanto daño ha producido. Y, sin embargo, este banco público norteamericano no ha tenido problemas en estos años de crisis, sino al contrario. Con su actividad ha contribuido a crear empleo en el estado de Dakota, que tiene una tasa de paro de las más bajas de los Estados Unidos, e incluso ha alcanzado a pesar de todo el contexto global el superávit presupuestario.

Su secreto y mayor encanto es que es un banco público, en el corazón mismo del neoliberalismo, por tanto fuera de toda sospecha para los más incrédulos. Su presidenta defiende con vehemencia la viabilidad de la banca pública (y no solo en tiempos de crisis) porque es económicamente sostenible. La razón es que operan de forma transparente según regulación existente, no buscan beneficios a corto plazo con aventuras especulativas, ni invierten en derivados y están dirigidos por profesionales que solo obedecen a las leyes, y no a los políticos.

Resulta, por tanto, imprescindible la creación de una banca pública transparente, gestionada democráticamente y orientada a la ciudadanía como única alternativa al actual *statu quo*.

VII

Impositores y ahorradores, coged las riendas

> Está bien que la gente no entienda nuestro sistema bancario y monetario, porque si lo hiciera, creo que habría una revolución mañana mismo.
>
> HENRY FORD (1863-1947), fundador de la empresa automovilística Ford Motor Company

Dentro del sector bancario es indudable que la figura del ahorrador e impositor es una pieza fundamental. Sin su esfuerzo y sin su sudor, los capitales que sujetan cada una de las entidades no hubieran sido nada; de la misma manera que las empresas no serían nada sin sus trabajadores. Y sin embargo, qué poco se valoran, pero sobre todo cuán poco se les cuida. Resulta intolerable cómo acaban siendo ninguneados una vez que han decidido dejar lo mucho o lo poco de sus ahorros tras las puertas de una oficina bancaria.

Por ello, tenemos el máximo interés en recuperar la figura del ahorrador, visibilizarlo y empoderarlo; tenemos la pretensión de alertarlo, formarlo y ayudarlo en su papel ciudadano, tratando de procurarle la suficiente autoestima como para que sea él mismo quien se empodere y se haga valer. De muchos pequeños ahorradores están llenas las cajas de ahorro (también los bancos), saqueadas por el hecho fallido del mal gestor y por la decisión impropia del peor político. Ambos han permitido que todo el tesoro, todo el botín, de millones de personas se entregue, como trofeo de guerra, a manos avariciosas y desconocidas a las que solo les importa cómo aumentar los ceros de unas cuentas que no han surgido ni del trabajo, ni del sudor ni del esfuerzo; rentas nacidas de juegos viciosos de lotería financiera que han funcionado sin ningún tipo de control.

Y, sin embargo, ese ahorrador, nunca hubiera podido pensar en formas tan sofisticadas de añadir ceros a las cantidades depositadas en su cuenta de lo que era su caja de ahorros y ahora es su banco impuesto. Una caja de ahorros en la que, en su momento y a lo largo de los años, decidió confiar porque procuraba la excepcionalidad de no tener un objetivo lucrativo sino social.

Esta orden ilegítima que ha derivado su esfuerzo a un medio nuevo cuyo objetivo es solo el aumento de los ceros a costa de pueblos enteros y su supervivencia, no le gusta. Por ello lo invitamos a tener el control de lo que le pertenece con todo tipo de informaciones y exigiendo que se le consulte siempre que la decisión le incumba.

Las sucesivas reglamentaciones estatales que han permitido la bancarización de las cajas de ahorro y todos cuantos se han sumado a su desarrollo, incluso mediante mentiras y falsedades, como ya hemos podido comprobar, son responsables del mal uso de los datos de cada una de las personas en cada una de las cajas de ahorro afectadas, que son todas. De ahí que se haya permitido a sabiendas un delito contra la privacidad y la propiedad. Los decretos le han quitado también la posibilidad de elegir el lugar donde colocar sus ahorros; lo que de por sí es una acción agresiva que se cuestiona si hablamos de democracia, pero también si mencionamos la justicia.

Partiendo por tanto de la base de que todas las cajas de ahorro existen como tales debido a una enorme suma de pequeñas cantidades depositadas por trabajadores y pensionistas que tienen en ellas sus limitados ahorros, además del aporte mensual de cientos de miles de nóminas y pensiones, nos planteamos una serie de cuestiones a las que estas entidades financieras deberían contestar y que formulamos en forma de pregunta para que resulte más clara la intención de nuestra demanda de recibir respuestas, pero sobre todo de que la reciban todos esos miles de ahorradores que les van a reclamar: transparencia, honestidad, respeto y máxima información además de cuantas consultas sean necesarias, porque el depósito de sus cuentas le pertenecen en su totalidad y a todos los efectos. La pregunta primera y que debería haber sido esencial y prioritaria es la que desde el primer momento debió de realizar cada entidad a sus impositores:

¿Nos da permiso para poner a disposición del banco privado Bankia, las cantidades de su cuenta de ahorro? Pregunta que no se ha hecho, permitiéndose y legislando para que con esta ignorancia se hayan podido entregar por debajo de precio contable un tremendo patrimonio que en cualquier familia hubiera supuesto la impugnación total de la acción impropia por parte de alguno de sus miembros frente a los demás.

Después vendrán las preguntas en dirección contraria; esas que son imprescindibles para configurar con datos contrastados este macro proyecto neoliberal que ha destruido la capacidad financiera de nuestro pueblo y desatado aún más los demonios acechantes que quieren absorber nuestra identidad, propiedad y esencia cultural. Y así les preguntamos una serie de dudas en nombre de todos esos ahorradores, que pueden servir cada una de ellas de base para sus reclamaciones en las oficinas de turno:

¿Por qué se penaliza ahora a los impositores más vulnerables con cargos de seis euros trimestrales (o dos euros mensuales, lo que sumaría 24 al año) en concepto de mantenimiento de la cuenta y no se les cobra a los que pasan de 2.000 euros como media mensual? Aparte de la injusticia que supone para los mantenedores del negocio, implica un olvido de los aspectos sociales que han venido formando parte de la actividad de las cajas durante más de un siglo y medio. Por tanto, es falso el carácter social que siguen anunciando o que dicen que van a mantener.

Si con esta medida intentáis ir eliminando al pequeño ahorrador vais a llevar a esta entidad financiera a la quiebra, pues el tema es que «muchísimos pocos» hacen «un gran mucho». Hay personas que se está yendo de la caja solo por este motivo: se sienten estafados y se van a otro lugar.

¿Por qué, a pesar que el dinero del pequeño ahorrador sirve para que la caja haga su negocio, en pago de ello se le trata peor que a los más pudientes?

A estos se les presta con más facilidad, menos garantías y a un «interés preferencial», es decir, considerablemente más bajo que al del pequeño ahorrador.

¿Por qué se utilizan nuestros ahorros para converger en un modelo financiero puramente especulativo sin habernos consultado si estábamos o no de acuerdo con ello?

Los estatutos de la caja que nos está sirviendo de modelo denominan a los depositarios de sus haberes «impositores». Caja Madrid ha eliminado la figura del impositor para subsumirla dentro de un nuevo concepto, el mercantil de «clientes»; un concepto totalmente ajeno a la orientación social de las cajas a las que no renunciamos. Hasta la llegada de la crisis se han ido manteniendo los enormes fondos de la obra social, producto de los beneficios obtenidos en décadas. El dinero acumulado debía revertir a la sociedad en calidad de obras sociales, pero no se gastaron en la medida que podría haberse hecho, debido a que en la mente de algunos directivos y políticos de la derecha estaba la idea persistente de privatizar las cajas. No obstante, algunas muestras de la acción de la obra social de las cajas sí tomaron forma; son las bibliotecas, escuelas infantiles, centros de día para mayores, salas de exposición de pinturas, algún centro de educación especial, como hipoacúsicos, Síndrome de Down, autistas y otros. Todo esto se perderá con la privatización.

¿Por qué tienen la desfachatez de asignar sueldos multimillonarios al presidente, consejeros y otros, que son culpables, además, de la grave situación económica de la entidad por acción u omisión y lo hacen derivando el fruto de nuestro trabajo hacia su beneficio?

No parece razonable ni justo que mientras niegan el crédito al pequeño ahorrador y a las empresas, utilicen los préstamos baratos (1%) de dinero de público del Banco Europeo para comprar elementos financieros que luego pueden revender a un 3 o un 4%, comprando deuda soberana, sin dar golpe y ni necesidad de contratar a un solo trabajador. Imposible pensar en un negocio más redondo. Pero esta especulación que utiliza fondos públicos, provenientes de todos los ciudadanos, está produciendo la miseria en los países europeos porque no fluye el crédito hacia las empresas que son las que pueden generar trabajo. Para mayor desmesura, la Unión Europea nos dice que los gobiernos tienen que recortar más y más a los trabajadores. Y, aunque esté claro que esta situación nos lleva al desastre, los que tienen el poder no quieren aceptar que el dinero que estarían mejor fomentando el empleo y manteniendo nuestros derechos básicos enumerados en la Constitución.

¿Por qué tienen la crueldad de ejecutar los desahucios por impago de hipotecas si miles de estas fueron contratadas por confiados e ingenuos ciudadanos, mal informados e incluso manipulados por ustedes para aumentar su endeudamiento y dar alas al propio enriquecimiento?

En este punto debemos intervenir para esclarecer a la opinión pública que cometieron grandes y confabulados fallos de información como:

a) No se les informó de que la dación en pago no cancelaba la hipoteca, por lo que, además de devolver el piso a la caja, quedaban debiendo el resto no cancelado de por vida. Mientras la caja se aprovechaba subastando los mismos pisos a precio de saldo. Compra por su parte que no contribuye como es de justicia al IVA.
b) Los empleados incitaban a los demandantes de créditos hipotecarios a incluir en él la renovación del coche. Esto elevaba la deuda considerablemente y hacía pagar muchas veces el coche en cuestión, a lo largo de 30 y hasta 40 años. Se puede decir que el demandante era un insensato, pero no olvidemos que sucedió en un contexto de alegría económica y demostraba que podía

pagar el préstamo. El resultado de todo esto es la existencia de miles y miles de viviendas vacías. La ejecución de las hipotecas constituye un hecho sumamente doloroso para las familias que lo sufren. La caja no manifiesta ninguna idea de negociar con los afectados y expulsan a las familias incluso habiendo niños y ancianos por medio, no respetando el nivel mínimo de los derechos humanos. Puesto que las cajas tenían una finalidad básicamente social, estas expulsiones, además de ser una vergüenza, contravienen sus estatutos y constituyen un mal negocio, pues tiene inmovilizados e improductivos una cantidad ingente de pisos que podrían ser productivos económica y socialmente si permiten que las familias permanezan en ellos por un alquiler razonable.

Y podemos seguir desde otros aspectos:

En todo este montaje ¿a cuántos empleados han echado a la calle y de qué forma? Han despedido a miles de empleados y de ese modo nos trasfieren sus problemas de personal, ya que tenemos que soportar en numerosas ocasiones largas colas que hacen perder mucho tiempo. Exigimos que demuestren que cumplen con sus compromisos laborales con el personal.

¿Qué se está haciendo para dirimir responsabilidades por la mala gestión; por las componendas sin control, por la inversión sin medida y por el engaño, así como por el uso y disfrute de los créditos prohibidos por los estatutos?

No pueden seguir impunes los delitos económicos derivados de la mala praxis y peor gestión, ya sea por acción, por omisión y por uso indebido de la materia prima de la entidad: el dinero. Todo ello ha llevado a perder dinero que debería haberse distribuido con justicia y equidad a familias con problemas y a las pequeñas y medianas empresas, muchas veces maltratadas. Necesitamos respuestas. Hemos depositado nuestro dinero y se lo han gastado innoblemente dedicándolo sin nuestro permiso a un casino de guante blanco en el que han perdido con la ruleta del ladrillo. Es hora de pedir cuentas. Es hora de que paguen los culpables.

¿En virtud de qué derecho usan las provisiones de nuestras cuentas y dinero para pagar la ingente publicidad de Bankia, para pagar los escandalosos sueldos millonarios de los miembros del Consejo de Administración y de los directivos; para pagar la fianza de Francisco Camps, para pagar la construcción de un nuevo estadio en Valencia, para pagar sus antojos?

Nuestras cajas, las nuestras, porque perviven gracias a los millones de granitos que esos millones de impositores han puesto en ellas, han sido esquilmadas por los actuales dirigentes para beneficiarse ellos mismos y para beneficiar a personajes corruptos de la política y algunas empresas que se permiten acceder a dinero fácil mediante la conexión con dichos dirigentes. Mediante una simple solicitud de crédito, otorgado sin las garantías suficientes y, a veces, en contra de los estatutos, por ejemplo Díaz Ferrán perteneciente al Consejo de Administración, obtuvo un préstamo de ¡26 millones de euros!, poco antes de quebrar su compañía, dejando a cientos de trabajadores en la calle.

Y finalmente la pregunta del millón que pone en evidencia el deteriorado carácter democrático de una institución que debería haber sido modelo de gestión:

¿Cuándo nos van a convocar nuestros representantes a los impositores? Queremos que nuestros representantes convoquen a todos los afectados por la mala gestión y la incapacidad de los que han liderado este barco. Que convoquen por las vías que sean para explicarnos por qué están permitiendo esta situación si no fueron elegidos para semejante función, sino para controlar que se cumpla el objetivo fundamental de la caja: su carácter social y para garantizar una gestión transparente y justa de nuestros depósitos.

Con todas o cada una de las preguntas que preceden los ahorradores, sujeto activo que da fundamento a los valores de cada una de las entidades, podemos hacer uso de ellas y realizar personalmente nuestra queja o denuncia. Entre otras exigencias destacamos las siguientes:

- Reclamar contra la reducción de personal que produce colas interminables.
- Reclamar contra la subida excesiva de comisiones. Negarse a pagar la comisión de seis euros trimestrales por tener menos de 2.000 euros mensuales como media.
- Exigir que se cobre un interés más bajo a las personas que tengan su nómina o pensión domiciliada (créditos nómina).
- Exigir una tabla detallada de todas las cuotas de los créditos hipotecarios (se pueden hacer simulaciones en la web de Caja Madrid en la página de Préstamos). Calcular lo que se pagará en total por los años del crédito.
- Identificar todas la Obras Sociales en los respectivos barrios y exigir que no se cierren.
- Pedir que se abra en la web Bankia un foro de consultas y reclamaciones.
- Reclamar por el sueldo de 13 millones de euros que se pusieron a sí mismos, por ejemplo: Rato y los directivos de Bankia; pero hay otros en cada caja y cada territorio con iguales condiciones.
- Exigir a los representantes en la asamblea por impositores, sindicatos y políticos de la caja a la que se pertenece, que informen en locales públicos de su gestión en ella.
- Recoger firmas de apoyo a la nacionalización.

Aconsejamos que las reclamaciones se hagan en la propia sucursal de viva voz y por escrito y, si fuera posible, con muchos otros que también hayan sido defraudados. Todos juntos iremos creando un estado de opinión en contra de la privatización que ya está dando las primeras señales de fracaso.

Debemos alejarnos del término «cliente» que nos han querido imponer y tomar nosotros la iniciativa.

Es tarea de todos enarbolar un movimiento amplio y coordinado que acabe con esta tremenda farsa que ha transformado un sistema financiero con la única intención de acoplarlo al dictado de quienes solo conocen el olor del dinero virtual, carente del olor del esfuerzo del trabajo y del calor de la estufa familiar.

Para este mundo real se precisa una economía basada en las fuerzas de la producción que reviertan en beneficio de todos y todas: niños, ancianos, mujeres y jóvenes en un entorno en el que la naturaleza y el medio ambiente sean recuperados para las generaciones más jóvenes y futuras. Para eso necesitamos una banca pública, que empezará por conformarse a partir de unas cajas de ahorro, sin ánimo de lucro y con ingentes cantidades de dinero público. Hacemos un llamamiento para movilizarnos y actuar junto con la Plataforma por la Nacionalización de las Cajas de Ahorro y por una Banca Pública, piedra angular de la nueva banca pública que queremos implantar.

Glosario

Activos: conjunto de bienes y derechos de los que es titular una empresa con el objeto de generar ingresos. Se denomina activo no corriente a aquellos bienes y derechos adquiridos con intención de que permanezcan en la empresa durante más de un año (una máquina en una empresa industrial o el edificio en el que tiene su sede corporativa una entidad financiera). Por el contrario, se denomina activo corriente a aquellos bienes y derechos adquiridos con intención de que permanezcan menos de un año (existencias o saldos en cuentas bancarias para realizar pagos inmediatos).

Activos financieros: títulos por los que su comprador adquiere el derecho a recibir unos ingresos futuros por parte del vendedor. Ejemplos: préstamos, letras del Tesoro, bonos y obligaciones del Tesoro, bonos y obligaciones privados, acciones, pagarés de empresa, derivados, etc.

Apalancamiento: endeudamiento. La libertad de movimiento de capitales, la falta de control público a las entidades financieras y los bajos tipos de interés han aumentado las deudas de los bancos lo que ha afectado a su solvencia y a la solvencia del sistema en general. El grado de apalancamiento se obtiene dividiendo el dinero aportado por los accionistas (capital más reservas) entre el total de su activo. Un banco con un apalancamiento de 10 estaría en una situación razonable.

El de España está alrededor de 24 (han adquirido con sus fondos propios activos por valor de 24 veces estos) y en Europa alrededor de 27.

Autoridad Bancaria Europea (EBA en sus siglas en inglés): institución europea que forma parte del Sistema Europeo de Supervisión Financiera y que fue fundada el 1 de enero de 2011 con el objetivo de que las reglas de aplicación del sector financiero se cumplan adecuadamente para preservar la estabilidad y la confianza en el sistema financiero.

Aval: contrato por el cual una persona física o jurídica se compromete a pagar un préstamo que ha obtenido un tercero si este no lo paga.

Balance: documento contable que permite conocer la situación económica y financiera de una empresa en un momento determinado del tiempo.

Fondos propios: patrimonio neto de una empresa. Es la diferencia entre el valor de todos los activos (bienes y derechos de cobro) y los pasivos exigibles (es decir, sus deudas). Cuando el pasivo exigible es superior al valor de sus activos, la empresa está quebrada.

Basilea III: acuerdo consensuado en septiembre de 2010 por los miembros del Comité de Supervisión Bancaria de Basilea y referido a dar normas internacionales de capitalización y liquidez al sector bancario para mejorar su capacidad de resistencia frente a la crisis. Sin embargo, estas reformas no han atacado las verdaderas causas de la crisis del sistema financiero, sino que facilita la concentración bancaria y no elimina los paraísos fiscales ni la especulación con derivados.

Bonos convertibles contingentes: títulos de deuda convertibles automáticamente en acciones en caso de que la ratio de capital de la entidad financiera que los emite descienda por debajo de un determinado umbral. Estos instrumentos de deuda tienen la consideración de capital en los análisis de solvencia que realiza la Agencia Bancaria Europea.

Cajas nacionalizadas: cajas de ahorro en las que el Estado es el propietario de todo o la mayor parte de su capital.

Capital social: importe monetario (dinero) o de bienes aportados por los socios/accionistas para constituir una sociedad. Junto con las reservas (beneficios no distribuidos) forman el patrimonio de una empresa.

Capitalización: resultado de multiplicar el valor contable de cada acción de una empresa por el número de acciones en circulación. Cuanto más elevado es este importe, mayor será la solvencia para un determinado importe de activos (siempre y cuando la valoración de activos y pasivos exigibles sea la adecuada). Sin embargo, si hablamos de capitalización bursátil, entonces no nos referimos al valor contable sino al de cotización en la Bolsa y ese puede ser superior o inferior dependiendo de las expectativas que esa empresa tenga para los inversores.

Comisión Nacional del Mercado de Valores (CNMV): organismo encargado de la supervisión de las compras y ventas de los valores españoles cotizados en Bolsa y de las sociedades que los emiten, así como de empresas que prestan servicios de inversión e instituciones de inversión colectiva, además de la protección de los inversores.

Core capital: capital de máxima calidad de un banco formado por sus acciones ordinarias (capital social), sus reservas y otros instrumentos de deuda que puedan tener la consideración de patrimonio de la entidad en momentos de dificultad (véase bonos contingentes convertibles). Es una ratio de solvencia que, fijado en un nivel suficientemente elevado, pretende garantizar que en las situaciones de gran dificultad las entidades financieras no quiebren.

Créditos problemáticos: préstamos difíciles de recobrar por los bancos. En España los más problemáticos son los créditos inmobiliarios y a la construcción. Pueden ser créditos dudosos, créditos subestándar (los deudores se retrasan en el pago, pero no están en situación de morosidad) o créditos fallidos (imposibles de cobrar).

Cuenta de resultados: documento contable en el que se recogen los ingresos y los gastos que tiene una empresa durante un ejercicio económico. Junto con el balance son las dos cuentas más importantes que tiene una empresa para conocer su salud económica y financiera.

Cuotas participativas: instrumentos financieros negociables emitidos por las cajas de ahorro al amparo del Real Decreto 302/2004. Permiten a los inversores obtener una rentabilidad (si la caja obtiene beneficios), pero su posesión no da derecho a voto. La única caja de ahorros que ha utilizado este instrumento es la Caja de Ahorros del Mediterráneo (CAM), que utilizó esta vía para reforzar su patrimonio neto sin realizar una ampliación de capital, un proceso muy complicado en el caso de las cajas de ahorro.

Depósitos: productos bancarios denominados de pasivo en el que los depositantes entregan dinero a las entidades a cambio de la devolución del principal y una rentabilidad financiera. Pueden ser depósitos a la vista (obligación de devolución inmediata de los fondos prestados sin necesidad de preaviso ni penalización) o depósitos a plazo (constituidos por un período de tiempo determinado cuyo vencimiento puede ser anticipado a cambio de soportar una penalización económica). Los depósitos suponen la fuente de financiación más importante y estable que tienen las entidades financieras, que basan su negocio en retribuir esos fondos con un tipo de interés inferior al que utilizan en los préstamos que otorgan. En la actualidad, los depósitos bancarios están garantizados hasta un importe de 100.000 euros por titular por el Fondo de Garantía de Depósitos (FGD).

Derivados: productos financieros cuyo valor se basa en el precio de otro activo (activo subyacente). Los activos sobre los que se crean los derivados pueden ser acciones, valores de renta fija, materias primas, contratos, etc. Los bancos de Wall Street, de la City londinense o los radicados en Suiza son los que más han extendido estos activos por el mundo. En la mayoría de los casos no se contabilizan en los balances de los bancos, calculándose su valor en casi 10 veces el PIB mundial.

Deuda pública: títulos de deuda emitidos por las Administraciones Públicas (letras del Tesoro, bonos y obligaciones del Estado) para resolver sus necesidades de financiación. Los países precisan emitir deuda pública para financiar sus déficits presupuestarios (ingresos públicos menores que gastos públicos) o acometer inversiones. Cuando están en una mala situación económica y financiera tienen que pagar altos intereses a los que compran su deuda pública nueva, lo que complica aún más su situación.

Deuda subordinada: títulos de renta fija (bonos y obligaciones) que ofrecen una rentabilidad mayor que otros valores de renta fija a cambio de perder capacidad de cobro en caso de quiebra y posterior liquidación de la entidad emisora. Los dueños de estos títulos solo podrán cobrar después de los acreedores ordinarios, lo que en la práctica significa que seguramente no cobrarán.

Dividendos: importe de los beneficios que se reparte entre los accionistas de una entidad.

Due dilligence (auditoría debida o necesaria): auditoría que se realiza a una empresa antes del contrato de compra por parte de otra entidad para determinar su precio correcto.

Esquema de Protección de Activos (EPA): cobertura otorgada por el Fondo de Reestructuración Ordenada Bancaria (FROB) o el Fondo de Garantía de Depósitos (FGD) para asegurar las posibles pérdidas que puedan aparecer en las entidades nacionalizadas que han sido posteriormente privatizadas.

Fondo de Adquisición de Activos Financieros (FAAF): fondo creado en 2008 para apoyar la oferta de crédito a la actividad productiva de empresas y particulares. Este fondo adquirió a 54 entidades activos de «máxima calidad teórica» (como cédulas hipotecarias) por un importe superior a los 19.000 millones de euros.

Fondo Europeo de Estabilidad Financiera (FEEF): fondo creado por el Consejo Europeo para conceder préstamos a los países del euro que tengan graves problemas financieros.

Fondo de Garantía de Depósitos (FGD): fondo creado en 1977 para proteger a los ahorradores modestos ante posibles crisis de las entidades financieras. El nuevo Fondo de Garantía de Depósitos de Entidades de Crédito (resultado de la fusión de los tres anteriormente existentes de bancos, cajas y cooperativas) también garantiza los depósitos en entidades de crédito, con el límite de 100.000 euros, pero incorpora a sus funciones la realización de actuaciones que refuercen la solvencia y funcionamiento de las entidades de crédito.

Fondo de Reestructuración Ordenada Bancaria (FROB): fondo creado por el Real Decreto Ley 9/2009 para gestionar los procesos de reestructuración del crédito de las entidades financieras y contribuir a reforzar sus recursos propios.

Instituto de Crédito Oficial (ICO): entidad pública que apoya los proyectos de inversión de las empresas españolas. La ayuda puede ser directa o a través de una entidad financiera.

Impositores: ciudadanos que depositan sus ahorros en una entidad bancaria.

Ingeniería financiera: actuaciones de las instituciones financieras destinadas a crear productos derivados complejos o realizar operaciones contables con la finalidad de falsear los balances para aparentar beneficios, pérdidas o deducciones impropias.

Línea de liquidez: préstamo concedido hasta un importe límite que puede ser utilizado por parte del prestatario de forma parcial o en su totalidad.

Liquidez: capacidad que tiene un activo de convertirse rápidamente en dinero sin perder valor.

Mecanismo Europeo de Estabilidad (MEDE): fondo de rescate que sustituirá al Fondo Europeo de Estabilidad Financiera cuando en 2013 llegue el final de su operatividad. Tendrá carácter permanente y podrá comprar deuda directamente a los países.

Mercado primario: mercado en el que se venden los títulos por primera vez.

Mercado secundario: mercado en el que se comercializan títulos que ya están en circulación (Bolsa).

Morosidad: índice que resulta de dividir el importe de préstamos morosos (con retraso de pago superior a tres meses) entre el importe total de préstamos vivos.

Nacionalización: operación que consiste en transformar una empresa privada en una empresa pública.

Participaciones preferentes: títulos de deuda subordinada que tienen carácter perpetuo. Dado que no tienen plazo de vencimiento, los inversores que necesitan liquidez tienen que vender estas participaciones en mercados organizados en los que estos títulos pierden una buena parte de su valor. Actualmente, y dada la necesidad de aumentar su capital, las entidades financieras están ofreciendo el canje de estos títulos en acciones o bonos necesariamente convertibles en acciones.

Participaciones preferentes convertibles: títulos de deuda subordinada con vencimiento específico convertibles en acciones de la entidad emisora bajo una serie de condiciones. No tienen derechos políticos, es decir, los poseedores no pueden participar en la gestión de la entidad.

Provisiones: apuntes contables de gasto que realiza una empresa en previsión de pérdidas futuras en el valor de sus activos, de sus derechos de cobro o de cualquier otro posible quebranto.

Quiebra (default): imposibilidad de hacer frente a las deudas o a las obligaciones contraídas.

Quita: reducción de una deuda. Cuando el deudor tiene dificultades en pagar puede llegar a un acuerdo con los acreedores para que estos disminuyan el importe adeudado.

Recapitalización: aumentar el capital de una empresa. Normalmente se refiere a la inyección de capital para reponer el patrimonio neto consumido por pérdidas en ejercicios anteriores.

Rentabilidad: cociente entre el beneficio logrado y el dinero invertido para obtenerlo.

Reservas: beneficios no distribuidos entre los accionistas y que se quedan en la empresa formando parte de su patrimonio neto.

Sistema financiero: conjunto de bancos y otras instituciones financieras, como compañías de seguro, cooperativas de crédito, fondos de pensiones o fondos de inversión, que compran y venden activos financieros, así como los diferentes mercados donde se compran y venden esos activos.

Solvencia: capacidad de atender las deudas y pagos comprometidos.

Tesoro público: órgano que gestiona los recursos financieros del Estado y realiza las operaciones referidas a la deuda pública.

Tratado de Maastricht: tratado que se firma en 1992 mediante el cual la Comunidad Económica Europea pasa a denominarse Unión Europea (UE). Estableció que desde 1994 hasta 1997 los países que quisieran implantar el euro deberían alcanzar los llamados criterios de convergencia: 3% de déficit público, 60% de deuda pública y control de la inflación.